Zeugnisse
aus Industrie und Technik

W0057572

Wegweiser
Mittelrhein

Wegweiser Mittelrhein

von
Wolfgang Brönner, Franz-Josef Heyen,
Gabriela Fürstin zu Sayn-Wittgenstein-Sayn
herausgegeben
durch den Rheinischen Verein
für Denkmalpflege und Landschaftsschutz

Heft 9
Paul-Georg Custodis
Zeugnisse aus Industrie und Technik

Umschlagfoto:
Grube Georg bei Willroth, Schacht I und II um 1955

Zeugnisse aus Industrie und Technik

von
Paul-Georg Custodis

Görres Verlag

Diese Veröffentlichung wurde durch ideelle Unterstützung, aktive Mitarbeit sowie finanzielle Zuschüsse und Spenden ermöglicht, namentlich der Stiftung Rheinland-Pfalz für Kultur sowie der Landkreise bzw. deren (Kreis-)Sparkassen Ahrweiler, Altenkirchen, Cochem-Zell, Mayen-Koblenz, Neuwied, Rhein-Hunsrück (Simmern), Rhein-Lahn (Bad Ems), Westerwald (Montabaur) und der Stadt Koblenz.

ISBN 3-920388-75-5
Herstellung: Görres-Druckerei GmbH, Koblenz

Vorwort der Herausgeber

DIE auf zunächst elf Hefte konzipierte, aber erweiterungsfähige Reihe eines „Wegweisers" zu Städten und Denkmalen der Geschichte und der materiellen Kultur am nördlichen Mittelrhein will Besuchern und Gästen unseres Landes, aber ebenso allen einheimischen und zugezogenen Bewohnern, die an den über die Jahrtausende hin überlieferten Zeugnissen vom Leben der Vorfahren interessiert sind, diese Region als solche erschließen und in ihren Gemeinsamkeiten und Besonderheiten bewußt machen. Wir haben dieses Handbuch deshalb nicht nach Orten oder (modernen) Verwaltungseinheiten gegliedert und die einzelnen Beiträge schön ins Alphabet gestellt, sondern sie nach thematischen Zusammenhängen geordnet, sei es chronologisch (z. B. „Römerzeit"), sei es nach Stilformen („Romanik"), sei es nach Sachthemen („Industrie und Technik", „Burgen", „Museen"). Der Besucher der romanischen Kirchen in Andernach oder Boppard z. B. sollte an den Kontext der Bauten in Koblenz, Laach, Limburg und auch z. B. Güls erinnert sein und womöglich zu diesen Vergleich herausarbeitenden Fahrten angeregt werden, um so das Typische wie das Spezifische zu erkennen. Wir meinen, daß dies vor allem auch jüngere Menschen zu intensiverer Beschäftigung mit einem konkreten Thema anregen und damit auch die Beschäftigung mit einer Epoche (am Beispiel der kleinteiligeren Region) und mit der wechselseitigen, aber auch übergreifenden Beeinflussung einer Landschaft unterstützen kann. Daß dies auch helfen kann und soll, ein die Maßstäbe leicht verlierendes Kirchturmsdenken zu überwinden, sei gerne zugestanden. Wer – um beim Beispiel zu bleiben – in Andernach oder Boppard zu Besuch ist oder als einheimischer Bewohner dort lebt, wird mit unserem Wegweiser natürlich punktuell nur z. B. römische Hinterlassenschaft besichtigen, aber er wird das Einzelobjekt in den großen Zusammenhang stellen und – über die Region Mittelrhein hinaus – auch an Rom oder Trier denken. Ähnlich will z. B. auch der Band über Stätten und Spuren der Geschichte über das konkret behandelte historische Ereignis hinaus auf die weiten Zusammenhänge historischer Epochen der rheinischen Lande, Deutschlands oder Europas hinweisen. Die Bändchen dieser Reihe sind gewiß geeignet, so manch einem kleineren oder größeren Ausflug ein attraktives Ziel zu geben. Bei häufigerem Gebrauch wird man aber die Erfahrung machen, daß die vielen Einzelerlebnisse und Eindrücke quer durch die Epochen und Themen zu dem Bild einer reichen Kulturlandschaft zusammenwachsen.

Mit der Bestimmung des zu erfassenden und zu beachtenden Raumes haben wir uns für das Gebiet des „nördlichen Mittelrheins" entschieden, sind uns freilich sehr wohl bewußt, daß dies nur bedingt eine historisch gewachsene, klar umgrenzbare Landschaft ist, sondern eher eine „Brückenlandschaft", freilich nicht im Sinne der bloßen Vermittlung und Weitergabe, sondern ebenso der unmittelbaren Beeinflussung durch die unstreitig stärkeren kulturellen Zentren der Nachbarschaft im Westen, Norden und Süden. Wir haben deshalb im wesentlichen das Gebiet des derzeitigen Regierungsbezirks Koblenz mit Ausnahme der Landkreise Birkenfeld und Bad Kreuznach als Bearbeitungszeitraum umschrieben, haben es aber den Autoren freigestellt, für ihr spezielles Thema dieses Gebiet zu überschreiten oder auch einzugrenzen. Auch dies ist ja letztlich eine historische Aussage. Wir sind uns freilich bewußt, daß hier – wie auch bei der Auswahl (und damit einer unumgänglichen Beschränkung) der Objekte innerhalb des Raumes – Wünsche offen geblieben sind und Kritik einsetzen mag; bei guter Resonanz kann man in Neuauflagen vieles ja auch noch besser machen.

Wir geben diesen Wegweiser als Experiment aus der Hand. Vielen haben wir für Mitarbeit, Unterstützung und Ermunterung zu danken: Zuerst und vor allem den Autoren, die ihr Wissen und ihre fachliche Kompetenz in dieses Projekt eingebracht haben, sowie dem Landesvermessungsamt in Koblenz für die Erstellung der jedem Heft beigegebenen Karten und dem Landesmedienzentrum in Koblenz für die Bereitstellung zahlreicher Abbildungen. Sodann dem Verlag, der ein gut Teil des unternehmerischen Risikos trägt, dem Rheinischen Verein für Denkmalpflege und Landschaftsschutz, der die Veröffentlichung in seine Obhut genommen hat, der Stiftung für Kultur des Landes Rheinland-Pfalz, die durch einen namhaften Zuschuß einen (wie wir meinen) vertretbaren Verkaufspreis ermöglicht hat, den an anderer Stelle auch namentlich genannten Landkreisen und der Stadt Koblenz bzw. deren (Kreis-) Sparkassen, die die Finanzierung der Redaktionskosten und Honorare übernommen haben, und hier namentlich Herrn Landrat Albert Berg-Winters, der unsere Pläne von Beginn begleitet und uns engagiert ermuntert und unterstützt hat, aber auch allen übrigen Landräten und dem Oberbürgermeister der Stadt Koblenz, die trotz schwieriger Finanzlage uns bereitwillig geholfen haben.

Koblenz, im November 1998

Gabriela Fürstin zu Sayn-Wittgenstein-Sayn
Wolfgang Brönner
Franz-Josef Heyen

Zeugnisse aus Industrie und Technik

von
Paul-Georg Custodis

Inhalt

Grundlagen für die Entstehung

ZEUGNISSE AUS INDUSTRIE UND TECHNIK, so heißt der Titel des vorliegenden Bandes in der Reihe „Wegweiser Mittelrhein".

Spuren der Wirtschafts- und Technikgeschichte will der Band in ausgewählten Beispielen nachgehen. Gegenstand der nachfolgenden Ausführungen ist der Mittelrhein, ein geographischer Raum, der vom Rhein und seinen Nebenflüssen geprägt wurde. In einem Zeitraum von über 2000 Jahren wurde er durch menschliche Eingriffe verändert und zu einer einzigartigen Kulturlandschaft geformt.

Als Mittelgebirge weist der mittelrheinische Raum einen großen Reichtum an Bodenschätzen auf. Die Wasserkraft der Seitenflüsse des Rheins und ihrer Zubringerbäche, die Verkehrswege entlang der Flüsse, die Steinvorkommen in Eifel und Westerwald und der Holzreichtum der Wälder stellten einzigartige Energievorräte dar. Sie bildeten gute Voraussetzungen für die Entwicklung frühindustriellen Gewerbes.

Die Territorien der Kurfürsten von Köln, Mainz und Trier stießen am Rhein zusammen, umgeben von den Machtstellungen des hohen und niederen Adels. Deutsche Kleinstaatlichkeit spiegelte sich hier wider und beeinflußte Handel und Gewerbeentwicklung des Raumes nachhaltig. Immer wieder versuchten die Anliegerstaaten durch politische und wirtschaftliche Einflußnahme Machtpositionen zu erobern. Zahlreiche Burgen auf den Rheinhöhen geben noch heute Zeugnis davon.

Wirtschaftlich betrachtet haben Weinbau und Handel die Täler von Rhein, Ahr und Mosel geprägt. Dagegen war auf den Hochflächen der Eifel und des Hunsrücks sowie des Taunus und des Westerwaldes Ackerbau verbreitet. Bergbau und Hüttenwesen wurden bis zum Zweiten Weltkrieg im Siegerland und im nördlichen Westerwald betrieben. Fördertürme und eisenverarbeitende Betriebe bestimmten das Erscheinungsbild der Landschaft. Heute sind deren Zeugnisse fast vollständig beseitigt. Die

Bergbaugeschichte der Region läßt sich nur noch an wenigen Beispielen wie dem Fördergerüst der Grube Georg in Willroth aufzeigen. Es steht stellvertretend für diese untergegangene Tradition. Erzvorkommen ließen im Westerwald und im Hunsrück bedeutende Eisenhütten entstehen. Die preußische Sayner Hütte sowie die Rheinböller Hütte entwickelten sich im 19. Jahrhundert durch ihre vielfältigen Guß- und Kunstgußerzeugnisse zu überregionaler Bedeutung. Ihre Zeugnisse stehen heute in vielen deutschen Museen.

Über Millionen von Jahren waren die Steinvorkommen in der Eifel und im Westerwald entstanden, fast unbegrenzte Vorräte, die seit dem Mittelalter in zunehmendem Maße abgebaut und verarbeitet werden. Werksteine aus Tuff und Basalt wurden als Baumaterial für die romanischen Kirchen im Rheinland verwandt und auf dem Rhein bis nach Holland, in Ausnahmefällen auch bis nach Skandinavien transportiert. Als Beispiele seien die romanischen Kirchen von Maria Laach, Andernach, Koblenz, Boppard und Sinzig sowie in Köln und Bonn genannt. Seit 1845 werden die Bimsvorkommen im Neuwieder Becken zur Herstellung von Leichtbausteinen genutzt und begründeten einen Zweig der Bauindustrie, der nach dem Zweiten Weltkrieg wesentlichen Anteil am modernen „Bauboom" hatte.

Die Verkehrswege am Mittelrhein zu Wasser und zu Lande waren starken Veränderungen unterworfen. Der Drehkran von Andernach mag hierbei stellvertretend für den mittelalterlichen Verkehr stehen, als die Steinerzeugnisse der Eifel, aber auch Holz und Wein von der Straße zum Weitertransport auf Rheinschiffe verladen wurden. Die freie Rheinschifffahrt und der Ausbau der Schiffahrtsrinne hatte bis zum Ende des 19. Jahrhunderts den Rheinorten einen starken wirtschaftlichen Aufschwung gebracht.

Nachdem das Rheinland in Folge des Wiener Kongresses 1815 an Preußen gekommen war, verfolgte der preußische Staat schon bald ein weitgespanntes Programm zur Verbesserung der Infrastruktur und der Wirtschaft. Hierbei wurden besonders auch die ländlichen Regionen der Eifel, des Hunsrücks und des Westerwaldes einbezogen. Neben neuen Einrichtungen der Erziehung, des Sozialfürsorge und des Kultus sollte die Region des Mittelrheins verkehrstechnisch besser erschlossen werden. Hierzu gehörte auch der Bau neuer Straßen entlang der Flüsse und über die Höhen sowie der Ausbau von Rhein und Mosel für die Handelsschiffahrt. Denn erst eine wirtschaftliche Ausbeute der Bodenschätze im Westerwald wie in Eifel und Hunsrück und ihr zügiger Transport zum Rhein konnte langfristig Verkaufsmärkte sichern und damit die Grundlage für eine Verbesserung der Lebensumstände der armen Bevölkerung auf dem Land schaffen.

So wurde zwischen 1825 und 1845 die Straße von Köln nach Trier, von 1850–1870 die Straße durch das Ahrtal vollendet. Der Tunnel unter Burg Are mit einem Mundloch, das nach Schinkels Entwurf von 1832 gestaltet war, gehört zu den frühen preußischen Ingenieurleistungen im Rheinland.

Im Jahre 1837 hatte sich in Köln die „Rheinische Eisenbahngesellschaft" gegründet. Sie bemühte sich, die 1843 in Betrieb genommene Strecke von Köln über Aachen nach Belgien mit einer neuen Verbindung nach Süden auf dem linken Rheinufer zu verknüpfen und konnte 1858 die Bahnverbindung von Köln nach Koblenz in Betrieb nehmen. 1870 wurde die Strecke von Köln über Euskirchen und Gerolstein nach Trier, 1879 diejenige von Koblenz durch das Moseltal nach Trier fertig.

1862 war die Bahnstrecke auf dem rechten Rheinufer zwischen Rüdesheim und Oberlahnstein durch die Großherzoglich-nassauische Taunusbahn vollendet worden, 1863 die Lahnstrecke zwischen Oberlahnstein und Wetzlar betriebsbereit. Wirtschaftlich war diese für die Anbindung des Kurbades Ems und für den Transport von Erzen an den Rhein von Bedeutung.

Die Eisenbahn wurde zu einem die Klassen verbindenden Transportmittel und zu einem politischen und strategischen Instrument, das die Wirtschaft des jeweiligen Raumes in entscheidendem Maße bestimmte. Ihre Empfangsgebäude, zumeist nach Typenentwürfen errichtet, gehören zu den Zeugnissen der gesellschaftlichen Bedeutung der Bahn.

Die jüngste technische Weiterentwicklung im Eisenbahnbau mit noch schnelleren Zügen hat bereits begonnen: Zwischen Köln und Frankfurt wird die ICE-Strecke gebaut, die Anbindungen an das deutsche und internationale Hochgeschwindigkeits-Schienennetz erhält. Sie soll in Zukunft Zuggeschwindigkeiten bis zu 300 km/h erlauben. Weil das Rheintal mit zu engen Kurvenradien dafür nicht geeignet ist, wurde eine Trassenführung über den Westerwald entlang der Autobahn A3 gewählt. Montabaur wird hierbei der einzige Haltepunkt in Rheinland-Pfalz sein.

Mit dem Kernkraftwerk von Mülheim-Kärlich entstand eine Einrichtung von umweltschonender Energiegewinnung, deren silhouettenhafte Fernwirkung im Rheintal symbolhaft für neue Technologie mit höchster politischer Brisanz steht. Doch auch mit dem Versuchsfeld zur Gewinnung und Nutzung von Sonnenenergie oberhalb von Winningen und zahlreichen neuen Windkraftanlagen in der Eifel steht alternative Energiegewinnung auf dem Prüfstand.

Die Beschäftigung mit „Technischen Denkmälern" hat eine über 150jährige Tradition. So wies schon die „Circularverfügung" des preußischen Kultusministeriums von 1835 auf die Dokumentation und Konservierung der „Überreste der Baukunst, welche für die Geschichte, Wissenschaft und Technik Wert und Interesse haben" hin. Aus der Fülle späterer Veröffentlichungen sei aus der Zeit vor dem Zweiten Weltkrieg auf die Veröffentlichungen Theodor Wildemans beim Provinzialkonservator in Bonn und seine Umfragen zur Dokumentation von Wind- und Wassermühlen hingewiesen.

Das vorliegende Bändchen will als touristischer Leitfaden für die Entdeckung Technischer Denkmäler am Mittelrhein verstanden werden. Ihre Darstellung geschieht in einer Art „Gesamtschau", in der zunächst die Ursachen ihrer Entstehung, das wirtschaftliche und soziale Umfeld und ihre Einbindung in den jeweiligen geographischen Raum dargelegt werden. Die Produktionsabläufe werden nur in begrenztem Umfang beschrieben, soweit sie für das Verständnis des Objektes notwendig sind. Vielfach wird auf Vergleichsobjekte hingewiesen.

Straßenverkehr

Drususbrücke in Bingen

Die geographische Lage von Bingen ist durch die Mündung der Nahe in den Rhein bestimmt. Hier kreuzte seit römischer Zeit die historische Handelsstraße von Mainz nach Köln mit einer Holzbrücke den Fluß. Eine römische Fundamentierung aus Eichenpfosten wurde 1983 ergraben und konnte auf das Jahr 77 n. Chr. datiert werden.

In ihrer Nähe wurde um die Mitte des 11.Jahrhunderts eine feste Steinbrücke mit sieben Natursteinbögen über den Fluß geführt. Der Mainzer Erzbischof Willigis, der von 975 bis 1011 regierte und gleichzeitig Verweser des deutschen Reiches war, soll sie der Überlieferung nach anstelle einer älteren Holzbrücke errichten haben lassen. Das Bauwerk gehört zu den ältesten, heute noch erhaltenen mittelalterlichen Brücken in Deutschland. Jedoch kam der Name „Drususbrücke" erst in jüngerer Zeit auf.

Trotz starker Zerstörung im Zweiten Weltkrieg hat sich in den Brückenanfängern noch die mittelalterliche Bausubstanz erhalten. Ungewöhnlich ist die integrierte romanische Kapelle im ersten östlichen Brückenpfeiler auf der Binger Seite. Sie war lange Zeit vom Keller eines, heute verschwundenen Hauses zugänglich. Der quadratische Raum wird von einem rippenlosen Kreuzgewölbe überspannt und hat eine

halbrunde Apsis. Sie wurde 1981 gesichert und erhielt einen neuen Zugang.

Für das Jahr 1772 ist eine umfangreiche Renovierung der Brücke mit Steinauswechslung belegt, wie eine Inschrift unter einem der Pfeiler zeigt. Beim Bau der Eisenbahn nach Bad Kreuznach wurde kurz vor 1859 ein Pfeiler auf der linken Naheseite abgebrochen. In den letzten Kriegstagen des Jahres 1945 wurde das Mittelstück der Brücke stark beschädigt, die Bögen stürzten ein. Doch blieb in den Brückenanfängen die mittelalterliche Bausubstanz erhalten. Der Wiederaufbau der Brücke erfolgte in den Jahren 1951–1952. Jedoch mußte als Zugeständnis an den gestiegenen Autoverkehr die Brücke unter Einbeziehung der historischen Bauteile um drei Meter verbreitert werden.

Lage:
In Ortsmitte am
Beginn des Nahetales.

Balduinbrücke in Koblenz

EINE römische Holzbrücke mit elf Jochen wurde bereits im 1. nachchristlichen Jahrhundert im Zusammenhang mit dem Kastell „Confluentes" angelegt. Bereits 1865 wurden einige ihrer Fundamentpfähle im Rhein nördlich der Alten Burg freigelegt, 1944 und 1969 weitere ergraben. Die dendrochronologische Bestimmung ergab, daß spätestens im Jahre 104 n. Chr. diese Brücke bestand und im Jahre 176 erneut an ihr gearbeitet wurde. Im 5. Jahrhundert ging die Brücke im Zusammenhang mit der Eroberung der Franken unter.

Erst im 14. Jahrhundert ließ der Trierer Erzbischof Balduin v. Luxemburg etwa 100 Meter flußaufwärts wieder eine feste Brücke über die Mosel errichten und ersetzte damit eine Fährverbindung. Deren Baudaten sind bis heute nicht eindeutig geklärt. Schriftliche Quellen sprechen vom Baubeginn um 1343. Nach der dendrochronologischen Datierung einiger gefundener Fundamentpfosten muß der Bau zwischen 1332 und 1338 begonnen worden sein, war aber 1362 noch nicht vollendet. Im Jahre 1970 gemachte Funde deuten darauf hin, daß wahrscheinlich zunächst der Bau einer Holzbrücke über kleineren Steinpfeilern geplant war.

In ihrer mittelalterlichen Ursprungsform besaß die Steinbrücke sechzehn Bögen, die sich in einer Länge von 325 Metern auf viereckige Pfeiler mit vor-

gelagerten Eisbrechern abstützten, und einen mächtigen Torturm auf der Koblenzer Seite. Sowohl Braun und Hogenberg (1572) wie auch Merian (1650) zeigen in ihren Stadtansichten diesen Zustand. Im Zuge der neupreußischen Befestigung wurde die Brücke 1831/32 auf dem jenseitigen Ufer durch den „Traversenturm", 1834 auf der Koblenzer Seite durch einen neuen Brückenturm, verstärkt.

Seit dem späten 19. Jahrhundert hat die Brücke erhebliche Veränderungen und Beeinträchtigungen erfahren: Im Zuge einer Verbreiterung der Fahrbahn wurden 1883/84 die barocken Brüstungen zugunsten neuer vorgehängter Eisenstege abgebrochen. 1945 wurden drei Bögen durch deutsche Truppen gesprengt, die Brücke aber bereits bis 1949 wieder instand gesetzt.

Den stärksten Eingriff erfuhr die Brücke im Zuge der Moselkanalisierung. Weil die alten Brückenbögen eine Durchfahrt der modernen, erheblich größeren Lastschiffe auf dem teilweise parallel der Mosel neu angelegten Kanal behinderten, wurden im Jahre 1964 sechs Bögen abgebrochen. In den Jahren 1972–1975 wurde als Folge des stärkeren Verkehrsaufkommens die Brücke durch Verbreiterung moselaufwärts auf eine Gesamtbreite von 12,30–14,40 Meter mit zwei Fahrbahnen gebracht.

Trotz allem hat die Brücke auf der Altstadtseite ihr mittelalterliches Erscheinungsbild bewahrt, wenn auch schon die Arbeiten des 19. Jahrhunderts durch starke Überformung alle Aufbauten und Zierformen der vorangegangenen Zeit beseitigt hatten.

17

Brücke über die Ahr in Rech

Über Jahrhunderte hinweg waren die Höhen der Eifel schlecht erschlossen. Als Transportweg zum Rhein bot sich nur das enge und windungsreiche Tal der Ahr an, das wenig Raum für den Verkehr bot. Was sich in den romantischen Ansichten der Region als Idylle darbietet, war eigentlich Armut und Kargheit. Erst in den Jahren zwischen 1850 und 1870 erfolgte unter preußischer Verwaltung der Ausbau der Straße im Flußtal. Jedoch mußten Straßenverbreiterungen und Verkürzungen durch Sprengungen wie an der Lochmühle oder durch den Bau von Straßentunnels wie in Altenahr den Felsen abgerungen werden. Nur wenige massive Brücken stellten Querverbindungen in die Seitentäler dar.

Wohl die älteste und schönste ist die noch aus vorpreußischer Zeit stammende und in Schieferbruchstein errichtete Bogenbrücke im Weinort Rech. Nach einer heute nicht mehr erhaltenen Inschrift soll sie im Jahre 1759, wohl mit nur zwei Bögen, fertiggestellt worden sein. Andere Quellen geben das Jahr 1723 als Baudatum an. Die beiden äußeren Bögen fügte man nach dem großen Hochwasser von 1804 anstelle bisheriger Rampen hinzu und weitete damit das Flußbett auf. Allen Pfeilern sind Vorköpfe als Eisbrecher vorgelagert.

Die Brücke von Rech ist eine der wenigen an der Ahr, die das große Hochwasser von 1909 unversehrt überstanden hat. Der Typus dieser Brücke mit einer

Folge von vier flachen Bögen über Pfeilern mit Eisbrechern reicht bis in das Mittelalter zurück. Der Brücke von Rech ist diejenige im benachbarten Dernau an der Steinbergsmühle aus dem Anfang des 18. Jahrhunderts sehr verwandt, die jedoch nur drei Bögen hat.

Lage:
Brücke von Rech:
Auf der L 257 kommend in Rech abbiegen.
Die Brücke in Ortsmitte.
Brücke von Dernau:
Südlich des Ortes bei der Steinbergsmühle.

Brücke über die Ahr bei Heimersheim

Dem gleichen Typus der steinernen Bogenbrücken folgt die Brücke über die Ahr bei Heimersheim. Sie stellt die Verbindung zwischen den ehemals selbständigen Orten Heimersheim und Heppingen dar und wurde 1897 durch die Gemeinde Heimersheim errichtet. Bemerkenswert ist die Tatsache, daß für die gesamte Bogenkonstruktion Feldbrandziegel verwandt wurden und man damit von dem bisherigen Prinzip der Verwendung von Natursteinen der Region abwich. Denn die Produktion von Ziegeln wurde am Mittelrhein in der zweiten Hälfte des 19. Jahrhunderts in großem Umfang betrieben. Das Material hatte gegenüber Naturstein den Vorteil, daß es billig und maßhaltig war und die Bauarbeiten somit zügig abzuwickeln waren.

Über drei Flußpfeiler und zwei Widerlager wurden flache Korbbögen gespannt, dabei ein nutzbarer Querschnitt von 5,20 Meter Breite für zwei gegenläufige Fahrbahnen gewählt. Zur Gestaltung der bündig angesetzten Seitenwände und Brüstungen wurden als einziges Zierelement Blendbögen und Pfeiler verwandt. Die Pfeiler mit vortretenden Eisbrechern sowie die Abdeckung der Brüstungen wurden aus Basaltlava errichtet.

Die Brücke besticht durch die Einfachheit ihrer rein ingenieurmäßig geprägten Bauweise.

Lage:
Von Bad Neuenahr kommend zwischen den Ortsteilen Heppingen und Heimersheim.

Brücken über die Eltz in Monreal

Zu den geschlossenen Ortsbildern in Rheinland-Pfalz gehört der von Fachwerkhäusern bestimmte Ortskern von Monreal. Zu Füßen der „Großen Burg",

19

einer Anlage der Herren von Virneburg, deren Anfänge in das frühe 13. Jahrhundert zurückreichen, entstand im Tal der Eltz um die Pfarrkirche eine kleine Siedlung. Zur Sicherung des Ortes und zur Überwachung des Flußtales wurde ein umlaufendes Befestigungssystem angelegt, das von der Burg ausging und den gesamten Ort einschließlich der beiden äußeren Eltzbrücken umfaßte. Daß diese beiden Brücken in das Verteidigungssystem einbezogen und die Bögen durch Fallgitter zu schließen waren, ist durch die erhaltenen Schlitze an der oberen Schoßbrücke noch ablesbar.

Die in der Mitte des Ortes liegende Johannesbrücke, die schönste und aufwendigste der drei Brücken, wurde zur Überführung der Handelsstraße und als Verbindung beider Ortsteile errichtet. Sie spannt sich mit zwei Bögen über den Fluß und wurde aus einer Mischung von heimischem Bruchstein und Basaltsteinen erbaut. Nach den Steinmetzzeichen entstand sie um 1500. Der Mittelpfeiler, auf beiden Seiten durch Eisbrecher betont, trägt auf spätgotischem Sockel ein Kreuz aus dem 17. Jahrhundert. Seit dem Jahre 1831 schmücken den Fuß vier sehr naturalistisch gestaltete Löwen, die zuvor auf dem Marktplatz standen.

Lage:
Von Mayen kommend
die L 410, dann in
Richtung Cochem
abbiegen.

Monreal, mittlere
Eltzbrücke

Brücken der linksrheinischen Autobahn

DIE linksrheinische Autobahn A 61 verbindet die Ballungsräume an Rhein und Ruhr mit dem Rhein-Main- und Rhein-Neckar-Gebiet und hat durch ihre Anbindung an das französische und das niederländische Autobahnnetz internationalen Charakter. Im Jahre 1975 wurden die Streckenabschnitte von Bad Neuenahr nach Mendig und von Bingen nach Worms-Pfeddersheim fertiggestellt. Damit war die linksrheinische Autobahn in einer Länge von 327 Kilometern durchgehend von Krefeld bis nach Ludwigshafen befahrbar. Das Rheintal wird nunmehr auf beiden Seiten von vierbahnigen Autobahnen flankiert, im Osten von der Westerwald-Autobahn, im Westen von der Eifel-Hunsrück-Strecke. Ein Anteil von 40% der Baukosten entfiel zwischen Eifel, Hunsrück und dem Rheinhessischen Bergland auf die Herstellung von Kunst-

Moselbrücke bei Winningen

bauten, Unter- und Überführungen sowie von 23 Großbrücken. Dies war die Folge der heute üblichen, weiträumigen Trassierung mit großen Radien und geringen Steigungen und der notwendigen Kreuzungsfreiheit.

Für die Planung der Großbrücken waren die Straßenbauer um eine harmonische Einbindung in die Landschaft bemüht. Hierzu wurde aus Gründen der Standardisierung und Vorfertigung für alle Brücken eine Gestaltung in Form von Durchlauf-Hohlkästen in Spannbeton auf Stützenpaaren mit genormtem Ab-

21

stand gewählt. Sie erhielten eine Tiefgründung auf Bohrpfählen oder eine sogenannte „Brunnengründung". Nachfolgende Brücken entstanden in den Abschnitten Eifel und Hunsrück:

Talbrücke Bengen

Länge:	970 Meter
Höhe über Talsohle:	50 Meter
Konstruktionsart:	Beton
Stützfolge	18 Stützpaare

Ahrtalbrücke

Bedeutung	Längstes Bauwerk der A 61
Länge:	1521 Meter
Höhe über Talsohle:	55 Meter
Konstruktionsart:	Beton
Stützfolge	21 Stützpaare

Vinxtbach-Talbrücke

Länge:	671 Meter
Höhe über Talsohle:	46 Meter
Konstruktionsart:	Beton

Brohltalbrücke

Länge:	601 Meter
Höhe über Talsohle:	55 Meter
Konstruktionsart:	Beton
Stützfolge	11 Stützpaare

Talbrücke Maria Laach

Länge:	302 Meter
Höhe über Talsohle:	20 Meter
Konstruktionsart:	Beton

Nettetalbrücke

Länge:	704 Meter
Höhe über Talsohle:	37 Meter

Konstruktionsart:	Beton
Stützfolge	13 Stützpaare

Talbrücke Bassenheim

Länge:	507 Meter
Höhe über Talsohle:	47,5 Meter
Konstruktionsart:	Beton

Moseltalbrücke

Bedeutung	Sie gehört zu den höchsten Brücken in Europa
Länge:	935 Meter
Höhe über Talsohle:	136 Meter
Konstruktionsart:	Stahl
Stützfolge	4 Stützpaare

Erbacher-Talbrücke

Länge:	166 Meter
Höhe über Talsohle:	23 Meter
Konstruktionsart:	Beton

Talbrücke Pfädchensgraben

Länge:	531 Meter
Höhe über Talsohle:	58 Meter
Konstruktionsart:	Beton
Stützfolge	9 Stützpaare

Talbrücke Tiefenbach

Länge:	367 Meter
Höhe über Talsohle:	92 Meter
Konstruktionsart:	Beton

Meilenstein an der B 9 bei Boppard

NACHDEM das Rheinland 1815 zu Preußen gekommen war, bemühte sich die neue Verwaltung um eine

Verbesserung der Infrastruktur der Region. Hierzu gehörte auch der Ausbau von Landstraßen. Eine Anweisung der königlichen Oberbaudeputation in Berlin von 1814 für den Wegebau sah die Aufstellung von Meilensteinen an den Hauptstraßen vor. Sie konnten wahlweise in Naturstein oder Gußeisen hergestellt werden.

Im Rahmen einer derartigen systematischen Straßenverbesserung im Rheinland wurde auch die Landstraße von Koblenz nach Bingen vermessen und erneuert. Mit dem Bau von Meilensteinen zur Angabe von Entfernungen wurde ein Meßstystem übernommen, das bereits im 18. Jahrhundert im Rheinland üblich war. Sie entstanden nach Musterentwürfen, die aus Berlin kamen.

Die Zählung in preußischen Meilen war bis zur Einführung des Dezimalsystems im Jahre 1872 üblich. Legt man den Umrechnungsfaktor einer preußischen Meile mit 7573 Metern zugrunde, so ergibt sich eine Entfernung von 106 Kilometern vom Standort nach Köln, wie über die alten Kennzeichnung zu lesen ist. Auf beiden Seiten des Steines schließen sich Sitzbänke an.

Als die Straße vor einigen Jahren ausgebaut wurde, erhöhte man das Fahrbahnniveau. So verlor der Meilenstein leider seinen ursprüngliche Zusammenhang.

Nördlich von Boppard hat sich an der B 9 ein derartiger Stein erhalten, der im Jahre 1820 nach einer Musterzeichnung hergestellt wurde. Der vierseitige, oben in einer Spitze endende Obelisk ist aus dem heimischen Basaltlava der Eifel hergestellt und aus mehreren Einzelblöcken zusammengesetzt. Die Entfernungsangaben sind auf der straßenseitigen Ansichtsfläche eingeschlagen:

Cöln 14 M (Meilen)
Coblenz 2 1/2 M
Mainz 9 1/2 M.

Ähnliche Meilensteine haben sich an der B 9 südlich von Brey, nördlich von Boppard, in St.Goar-Fellen, südlich von Oberwesel an der alten B 9 und südlich von Niederheimbach erhalten.

Nürburgring

DIE Eifel, die auf uns heute so still und romantisch wirkt, war in Wirklichkeit bis nach dem Zweiten Weltkrieg eine arme Region mit hoher Arbeitslosigkeit. Um hier in Teilaspekten Abhilfe zu schaffen, initiierte der Landrat des Kreises Adenau in den Jahren 1925–1927 den Bau des Nürburgringes.

Längst war das Auto kein Luxus ausschließlich für Begüterte mehr, sondern ein Gebrauchsgut geworden. Zum Einen hatte sich das Auto immer stärker zum Transportmittel für die Massen entwickelt, und sei es auch nur in Form von Omnibussen, zum Ande-

Nürburgring, alter Zustand

ren lockte der Rausch der Geschwindigkeit. So wurde bereits im Jahre 1907 erstmals in der „Adenauer Zeitung" über Pläne zum Bau einer Rennstrecke berichtet. Sie wurden aber erst in den frühen 20er Jahren wieder aufgegriffen und fanden immer stärker Befürworter. Denn neben den unmittelbaren wirtschaftlichen Hilfen für die Region sollte den Rennstrecken von Monza in Italien und Spa in Belgien aus nationalem Prestige eine deutsche Alternative entgegengesetzt werden. So entstand in einem Verbund der Städte Köln und Koblenz, des Landkreises Ahrweiler, des ADAC und der Reichsregierung der Nürburgring. Am 27. April 1925 wurde mit dem Bau des Ringes begonnen, der mit 28 km Länge und einem Höhenunterschied von 300 Metern, mit Steigungen und Gefälle rund um die Nürburg geführt wurde. Enorme

Erdmassen mußten hierbei bewegt werden; Wälder wurden mit breiten Schneisen durchzogen. Die schönste aber auch gefährlichste Rennstrecke der Welt war nach zweijähriger Bauzeit fertiggestellt und wurde am 18./19. Juni 1927 mit dem internationalen ADAC-Eifelrennen für Wagen und Motorräder eröffnet. Internationale Rennstars wie Rudolf Carraciola, Bernd Rosemeyer und Wolfgang Graf Berghe von Trips, lieferten sich hier spannende Rennen. Sie alle wohnten in den Jahren zwischen 1927 und 1938 in Adenau im „Eifeler Hof", der mit 90 Betten das größte Hotel der Region war. Hier wurde der Nürburgring geplant und vorbereitet. Die Rennen auf dem Nürburgring wurden in der Folge zu völkerverbindenden Ereignissen, der Nürburgring selbst zur Initialzündung des Eifeltourismus. „Keine Eifelfahrt ohne eine Runde über den Nürburgring", so hieß die Devise. Die Geschichte des modernen Rennsports wurde auf dem Nürburgring geschrieben.

Der Nürburgring mit seinen extremen Schwierigkeiten faszinierte und wurde gehaßt. Dies führte ab 1970 zu immer stärkeren Rückschlägen und sicherheitstechnischen Auflagen für die Veranstalter der Rennen. So erklärten im gleichen Jahr die Formel-1-Fahrer wenige Wochen vor dem Großen Preis von Deutschland den Ring für zu gefährlich. Sie forderten breitere Sicherheitsstreifen und boykottierten die Strecke. Dann ereignete sich am 1. August 1976 auf der Rennstrecke der folgenschwere Unfall von Niki Lauda. Die internationale Rennsportbehörde CSJ erteilte für den Nürburgring keine Freigabe für Formel-1-Rennen. Dies war der Todesstoß für den alten Ring. In der Folge wurden in den Jahren 1981–1984 die neue Rennstrecke gebaut, die alte Tribüne abgebrochen und durch das heutige Hotel ersetzt.

Trotzdem ist die Faszination des „Ringes" auf der erhaltenen alten Strecke noch zu erleben, wenn sie für den „normalen" Autofahrer offen ist. Denn die alte Trasse hat sich noch erhalten und wird von der neuen auf kühnen Brücken überquert. Zudem entwickelte sich der Nürburgring immer stärker zum vielfältig nutzbaren Freizeitzentrum. Die Geschichte des Nürburgringes und des Rennsportes kann der Besucher im Rennsportmuseum neben dem Dorint-Hotel erleben und nachvollziehen.

(Vergl. Heft 10, „Museen")

25

Eisenbahn am Rhein

NACHDEM im Jahre 1835 zwischen Nürnberg und Fürth die erste Eisenbahnstrecke auf deutschem Boden eröffnet worden war, hatte sich auch im Rheinland der Wunsch nach weiteren Bahnstrecken schnell verbreitet. Zu den Pionieren dieser Bewegung gehörten die Handelskammern von Köln und Aachen, die eine Verbindung nach Belgien und eine Anbindung an die ebenfalls seit 1835 bestehende Strecke von Mecheln nach Brüssel wünschten. Nachdem hierzu in Köln im Jahre 1837 die „Rheinische Eisenbahngesellschaft" gegründet worden war, konnte bereits 1843 die neue Strecke von Köln über Aachen in das heute belgische Herbesthal (damals Reg.Bez. Aachen, Kreis Eupen) in Betrieb genommen werden. Deren Erfolg veranlaßte die Gesellschaft, den Bau einer Bahnstrecke von Köln nach Süden auf der linken Rheinseite zu verfolgen. Nachdem bereits bis 1844 eine Verbindung nach Bonn hergestellt und diese 1855 bis nach Rolandseck verlängert worden war, konnte bereits 1859 die Weiterführung nach Bingen in Betrieb genommen werden. Ihr Gegenstück war die 1862 vollendete Strecke auf dem rechten Ufer zwischen Rüdesheim und Oberlahnstein durch die herzoglich-nassauische Taunusbahn.

Der Bau beider Strecken war eine Ingenieurleistung ersten Ranges. Denn hierzu mußte das Rheintal, dessen Schieferfelsen teilweise noch schroff in den Fluß reichten, durch Anschüttungen und durch eingesprengte Tunnel erschlossen werden. Dies galt besonders für den Engpaß an der Loreley. Es entsprach den ästhetischen Leitbildern des 19. Jahrhunderts, daß die Tunnelbauten nicht in ihrer technischen Funktion sichtbar blieben, sondern durch applizierte Schaufronten verziert wurden. Man wählte hierzu Formen, die mit Zinnen und Türmen den benachbarten mittelalterlichen Burgen entlehnt waren.

Die Empfangsgebäude auf der linken Rheinstrecke wurden nach einheitlichem Bautyp gestaltet: Im Erdgeschoß wurden Eingangshalle und Funktionsräume angeordnet, durch Rundbogenfenster besonders akzentuiert. Darüber lag im Obergeschoß die

Wohnung des Stationsvorstehers. Die zumeist ge-
putzten Fassaden der Empfangsgebäude zeigen einfache Reihungen von Fenstern und folgen in ihrer Architektursprache den Vorbildern klassizistischer
preußischer Verwaltungsbauten. Bauten dieses Typs
entstanden zwischen 1858 und 1890. Dies bedeutet,
daß offenbar teilweise zunächst nur provisorische
Empfangsgebäude vorhanden waren.

Loreley-Tunnel

*Erhalten haben sich die
nach diesem Schema
errichteten Gebäude von
Sinzig (1880),
Niederbreisig (Klinker,
wohl nach 1880), Brohl
(1892), Weißenthurm
(1858), Oberwesel und
Bacharach.
Leider wurde der 1859
entstandene Bahnhof
von Boppard 1988
abgebrochen.*

Bahnhof in Rolandseck

WOHL das schönste Empfangsgebäude des Rheinlandes steht in Rolandseck, in Sichtweite zu den
Rheininseln Nonnen- und Grafenwerth. Es gibt Zeug-

nis von der Frühzeit der Eisenbahn, als Fahrten mit der Bahn noch ein gesellschaftliches Ereignis waren.

Seit dem Jahre 1844 betrieb die „Köln-Bonner-Eisenbahngesellschaft" die Strecke vom Kölner Bahnhof „St. Pantaleon" nach Bonn. Nachdem sich das Siebengebirge und die Hänge des linken Rheinufers als immer attraktiver für Ausflüge der Kölner und Bonner Bürger herausgestellt hatten, wurde die Strecke in den Jahren 1854–1855 bis nach Rolandseck verlängert.

Neben den üblichen Betriebs- und Warteräumen kam dem Bahnhof die Aufgabe eines gesellschaftlichen und gastronomischen Treffpunkts für das gehobene Bürgertum zu. Die großen Gesellschaftsräume im Obergeschoß wurden mit Stuckdecken schloßartig ausgestaltet. Von den vorgelagerten, alle Seiten umschließenden Eisengalerien konnten die Besucher die Aussicht auf die Inseln Nonnenwerth und Grafenwerth und das Siebengebirge genießen.

Das Gebäude folgt dem Schema italienischer Landhäuser mit flankierenden, um ein Geschoß höheren Seitenflügeln. Die Architektur der Fassaden knüpft an klassizistische Vorbilder an. Weder der Architekt noch die Herkunft der filigranen Eisenteile sind bekannt.

Nachdem zunächst der Abbruch des Bahnhofes durch die Bundesbahn vorgesehen war, ging er im Jahre 1967 in das Eigentum des Galeristen Johannes

Wasmuth über und wurde mit erheblichen Zuschüssen des Landes Rheinland-Pfalz restauriert. Seitdem ist der Bahnhof Sitz der Hans- und Sophie-Taeuber-Arp-Stiftung und Ort zahlreicher Ausstellungen und Kunstaktivitäten.
(Vergl. Heft 10, „Museen")

Lage:
An der B 9 nördlich
von Remagen im
Ortsteil Rolandseck.

Hauptbahnhof in Koblenz

DIE Bahnstrecke von Köln nach Bingerbrück war 1859 in ganzer Länge betriebsbereit, berührte jedoch schon 1858 die Stadt Koblenz. Mit dem Bau einer

Brücke über die Mosel war das größte technische Hindernis für die Streckenführung überwunden. Sie wurde in der kurzen Bauzeit vom August 1857 bis November 1858 errichtet. Westlich der Stadt entstand für den Personenverkehr der „Rheinische Bahnhof" und getrennt davon, unterhalb der Karthause, für den Güterverkehr der „Moselbahnhof".

Nachdem sich in den folgenden Jahrzehnten durch erhebliche Zunahme des Zugverkehrs die alten Bahnanlagen als zu eng herausgestellt hatten, plante die Bahnverwaltung den Bau eines neuen Zentralbahnhofs. Einen entsprechenden Standort in der Nähe des alten „Moselbahnhofes" hatte bereits der Bebauungsplan für die Koblenzer Südstadt von Joseph Stübben aus dem Jahre 1889 vorgesehen. So wurde in den Jahren 1899–1902 dort ein vollständiger Neubau mit erhöhten Gleisanlagen errichtet. Das Gebäude war ganz im Stile des Neobarock erbaut worden. Es sollte durch die Länge von 96 Metern und die Pracht seiner Architektur und Austattung wirken. Schließlich war Koblenz die politische und militärische Hauptstadt der Rheinprovinz, in der Kaiser Wilhelm I. als preußischer Kronprinz und Festungskommandant von 1850–1857 gelebt hatte.

Trotz starker Zerstörungen im Zweiten Weltkrieg hat der Bahnhof sein Äußeres und sein urspüngliches Funktionsschema im Inneren vollständig bewahrt. Ab 1999 soll er durch die Deutsche Bahn AG unter Wahrung der alten Substanz restauriert und modernisiert werden.

Als funktionstechnischer und optischer Mittelpunkt wurde die hohe Eingangshalle mit reich verziertem Giebel und Dachreiter gewählt. Hieran schließen sich nach links die Wartesäle, nach rechts die Diensträume an. Durch einen Tunnel werden aus der Halle die Zugänge zu den erhöht angeordneten Gleisen erschlossen. Ein separates Treppenhaus im Nordteil des Bahnhofes führte ursprünglich zu den Warteräumen für die prominenten Reisenden.

Die Pläne zum Bau des Koblenzer Hauptbahnhofes stammten von Regierungsbaumeister Biecker und erhielten durch Landbauinspektor Fritz Klingholz, Geh. Baurat Carl Rüdell und Geh. Oberbaurat Thoemer vom Reichsamt für die Verwaltung der Reichseisenbahnen Überarbeitungen.

Eisenbahn an der Mosel

DIE Bemühungen zum Bau einer Eisenbahnstrecke von Koblenz nach Trier durch das Moseltal gehen bereits auf die Mitte des 19. Jahrhunderts zurück.. Deren Ziel war es, einen zügigen Transport von Dachschiefer und Eisenerz aus der Eifel an den Rhein sicherzustellen. Doch gingen der Umsetzung zunächst heftige Diskussionen um die Trassenführung voraus. Erst der siegreiche Ausgang des deutsch-französischen Krieges und die militärische Zielsetzung, zügige Truppentransporte an die bisherige Westgrenze und zur Festung Metz durchführen zu können, beschleunigten die Baupläne. 1875 wurde mit dem Bau der Strecke von Trier aus begonnen. 1879 war die Strecke in voller Länge zwischen Trier-Ehrang und Koblenz vollendet.

Gewählt wurde eine Trassenführung durch das Moseltal, wobei mit verschiedenen Tunneln und Brücken die Moselschleifen abgekürzt wurden. So wurde mit dem 4205 Meter langen Kaiser-Wilhelm-Tunnel zwischen Cochem und Ediger der Cochemer Krampen durchstoßen. Der 1879 fertiggestellte Tunnel war der längste im deutschen Reich und galt als ingenieurmäßige Meisterleistung. Die Länge des Tunnels und die dampfbetriebenen Lokomotiven machten bald eine künstliche Belüftung des Tunnels notwendig. Deshalb wurde 1904 ein leistungsstarker Vertilator eingebaut, der seinerseits 1937/38 durch zehn Schraubenlüfter ersetzt wurde.

Neben dem Cochemer Tunnelportal wurde Anfang des 20. Jahrhunderts eine Ausbesserungswerkstatt des Cochemer Bahnhofs in Stahlfachwerk hergestellt. Ihre filigranen Fronten zeigen jugendstilartige Dekorationen.

Mit großen Stahlbrücken wurde die Mosel bei Koblenz-Güls, Eller, Bullay und Trier-Ehrang überquert. Planung und Durchführung der Bauarbeiten lag in der Hand der Königlichen Eisenbahndirektion Saarbrücken .

An den Haltepunkten wurden zunächst einfache Empfangsgebäude in Fachwerk errichtet. Die Bahnhöfe von Winningen, Kattenes, Hatzenport und der ältere Bahnhof von Cochem haben sich in jenem Typus erhalten. Um 1900 wurden auf der Strecke teilweise neue und aufwendigere Empfangsgebäude errichtet. Die heute noch erhaltenen Gebäude von Winningen, Cochem, Bullay, Traben und Bernkastel-Kues nach Plänen des Büros Hüther und Schunck zitieren in der Dachlandschaft barocke Architektur am Mittelrhein und knüpfen in den Giebelgestaltungen an die Fachwerkbauten der Region an.

Den Weg in die Bauauffassung der Moderne weisen die zwischen 1908 und 1914 entstandenen Bahnhöfe von Moselkern, Karden, Kobern und Trier-Süd nach Plänen des Berliner Architekten Franz Schenk.

Bahnhöfe in Niedermendig und Kruft

Bis in die Mitte des 19. Jahrhunderts war die Eifel eine unterentwickelte Region mit schlechten Ver-

Bahnhof in Kruft

kehrsverbindungen. Auch der bis dahin forcierte Stra-
ßenausbau konnte langfristig einen zügigen Transport
von Wirtschaftsgütern wie Naturstein und Holz sowie
in geringerem Umfang Kohle und Erze zum Rhein
nicht gewährleisten.

Die Folge war, daß die Bevölkerung aus der Eifel,
dem „Armenhaus Preußens", immer stärker in die
wirtschaftlich aktiveren Randzonen abwanderte.

So setzten schon bald nach der Mitte des 19. Jahrhunderts Bemühungen ein, die Eifel an die linksrheinische Eisenbahnstrecke anzubinden. Doch brachten
schwierige topographische Verhältnisse und das Feh-
len von Kapital zunächst Verzögerungen.

Erst im Jahre 1878 wurde die Strecke von Andernach nach Niedermendig fertiggestellt, 1880 dann bis
Mayen verlängert. Die Bahn gewährleistete damit den
erhofften zügigen und wirtschaftlichen Transport der
Natursteine an den Rhein zur weiteren Verschiffung,
nachdem seit der Reichsgründung deren Nachfrage
erheblich angestiegen war.

Die neu erbauten Empfangsgebäude wurden bewußt aus dem regionalen Steinmaterial erbaut, Basaltlava und Tuff. Sie sollten mit repräsentativer Architektur und reichen Bildhauerarbeiten auf die Leistungsfähigkeit der heimischen Steinindustrie hinweisen. Bereits im Jahr 1877 waren die Bahnhöfe in
Kruft und Niedermendig fertiggestellt. Die streng
axial gestalteten Baukörper mit Fassaden, die sich an

gotischen Vorbildern orientierten, enden in hohen Schildgiebeln. Sie nahmen im Erdgeschoß Funktions- und Warteräume, im Obergeschoß Wohnräume des Personals auf. Als Planverfasser kann man den vormaligen Kölner Stadtbaumeister Julius Raschdorff vermuten, der nachweislich auch einige Entwürfe für die Empfangsgebäude an der Strecke von Euskirchen nach Trier für die Rheinische Eisenbahngesellschaft geliefert hat.

Lage:
Kaiserbahnhof in Niedermendig: Über die L 256, nach Kruft rechts abbiegen, vor der Ortsmitte rechts ab. Bahnhof in Kruft: BAB 61 Ausfahrt Kruft, in Ortsmitte in die Bahnhofstraße.

Ahrtalbahn

NACHDEM die Rheinische Eisenbahngesellschaft mit dem Bau neuer Strecken bis in die 70er Jahre des 19. Jahrhunderts den rheinischen Raum zwischen Köln und Koblenz erschlossen hatte, drängte sie auch auf den Bau einer Bahn im Ahrtal. Bereits 1880 konnte die Gesellschaft die Strecke von Remagen nach Ahrweiler in Betrieb nehmen und ein Jahr später den Bahnhof in Bad Neuenahr fertigstellen. Dies bewirkte ein starkes Ansteigen der Besucherzahlen für den noch jungen Kurort. Als noch im gleichen Jahr die Bahngesellschaft durch den preußischen Staat

Bahnanlagen von Altenahr, um 1900

übernommen worden war, brachte dies weitere Impulse zur Fortführung der Strecke. Das Ziel war eine Verlängerung bis zum Oberlauf der Ahr, wozu auch strategische Gesichtspunkte wegen der Nähe zu Frankreich kamen. Bis 1886 wurde die Weiterführung nach Altenahr, bis 1888 die Verlängerung bis Adenau vollendet.

Die Trassenführung entlang der Ahr war eine besondere ingenieurmäßige Leistung. Denn während die Strecke zunächst bis Rech dem Flußlauf folgen konnte, mußten anschließend zahlreiche topographische Hindernisse überwunden werden. Mit mehreren Tunneln und Brücken mußte ein Steigungsverhältnis von 1 : 60 überwunden werden. Besonders kühn war die Streckenführung bei Altenahr, wo parallel zum bestehenden Straßentunnel mit einem weiteren Tunnel der Höhenrücken unter Burg Are unterquert werden mußte.

Nachdem im Krieg 1870/71 der zügige Truppentransport zur Grenze entscheidend zum Sieg für Deutschland beigetragen hatte, drängte das preußische Kriegsministerium zu Beginn des 20. Jahrhunderts auf einen zweigleisigen Ausbau der Ahrstrecke, der zwar begonnen aber nie vollendet wurde. Pfeiler einer geplanten Brücke oberhalb von Ahrweiler und ein weiterer Tunnel in Altenahr künden von diesem unvollendeten Projekt.

Die Empfangsgebäude entstanden nicht einheitlich und wurden zwischen 1880 und 1890 erbaut. Eine lückenlose Dokumentation der Baudaten liegt noch nicht vor. Die Anlagen von Bad Bodendorf, Heimersheim (1888), Walporzheim (1886), Dernau, Rech (1897), Mayschoß und Altenahr zeigen landschaftsgebundene Bauweise mit Fachwerk und ausladenden Dächern über massiven Sockelgeschossen. Die Empfangsgebäude von Kreuzberg und Ahrbrück gehören zu den späten Anlagen, die kurz vor dem Ersten Weltkrieg im Zusammenhang mit dem Ausbau der Strecke und der Einrichtung des großen Bahnbetriebswerkes Kreuzberg fertiggestellt wurden.

Die aufwendigen Empfangsgebäude von Bad Neuenahr und Ahrweiler mit reichen Werksteinarbeiten verstehen sich aus der Nähe des Kurbades und dessen gesellschaftlichen Ansprüchen. Sie wurden 1880 nach Planungen des Kölner Architekten Josef Séché fertiggestellt.

Bemerkenswert sind auch die zahlreichen Eisenbahnbrücken aus heimischem Bruchstein, die mit einer Folge von Bögen die Ahr überspannen.

Brücke von Remagen

Bis zum Ersten Weltkrieg gab es am Mittelrhein als Verbindung der Bahnstrecken zwischen dem linken und dem rechten Rheinufer nur die Brücke von Urmitz nach Neuwied. Dies veranlaßte den Generalstab der Reichswehr, um einen zügigeren Truppentransport nach Frankreich sicherzustellen, den Bau eines weiteren Brückenüberganges für die Eisenbahn zu betreiben. Als Standort wurde eine Verbindung zwischen Erpel und Remagen gewählt.

Die neue Brücke wurde nach Plänen des Architekten Karl Wiener aus Mannheim in den Jahren 1916 bis 1918 erbaut und nach dem Chef des Generalstabes, Erich v. Ludendorff, benannt. Sie überspannte mit Fachwerkträgern aus Eisen in einer Gesamtlänge von 325 Metern den Fluß. Das Mittelstück bestand aus einem gebogenen Fachwerkträger und stützte sich auf in den Fluß gestellte Widerlager. Die lichte Höhe über dem normalen Wasserstand des Rheins betrug 14,80 Meter, die Scheitelhöhe des Bogens 29,25 Meter. Die Brücke war mit zwei Gleisen im Gegenverkehr zu befahren und hatte einen zusätzlichen Fußgängersteg. Von silhouettenhafter Wirkung sind die noch heute erhaltenen beiden Brückenköpfe aus Basaltsteinen. Sie nahmen den Typus des Stadttores auf, der vornehmlich seit dem Bau der ältesten Eisenbahnbrücke in Preußen, der Weichselbrücke von Dirschau (1850–1855), zum festen Repertoire von Brücken gehörte. Zudem folgte sie mit der Hoheitsarchitektur ihrer Türme staufischen Vorbildern. Die Brücke von Remagen galt bald nach ihrer Fertigstellung als die schönste Stahlbrücke am Rhein.

Eine besondere Berühmtheit erlangte sie im Zweiten Weltkrieg im Zusammenhang mit der Invasion der alliierten Truppen. Nachdem Sprengungen der Brücke durch deutsche Truppen fehlgeschlagen waren, eroberte sie die 9. amerikanische Panzerdivision und gewann damit den einzigen, noch nutzbaren Rheinübergang. Diese Tatsache verschaffte ihr die Ehre, als „Brücke von Remagen" in die Geschichte des Zweiten Weltkrieges einzugehen. Infolge von Schäden bei den nicht geglückten deutschen Sprengungen und wegen Überlastung durch amerikanische Truppen stürzte die Eisenkonstruktion noch während des Übergangs der Amerikaner am 17. März 1945 ein (vergl. Heft 11, Stätten der Geschichte). Seit dem Jahre 1984 ist im Remagener Brückenkopf ein „Friedensmuseum" zur Geschichte der Brücke und ihrer Bedeutung im Zweiten Weltkrieg eingerichtet. (Vergl. Heft 10, „Museen")

Eisenbahnbrücke in Westerburg

NOCH bis zum Ende des 19. Jahrhunderts war der Westerwald eine arme und unterentwickelte Region, die im wesentlichen vom Bergbau lebte. Mit zeitlicher Verzögerung gegenüber den großen Strecken wurden dort erst zu Beginn des 20. Jahrhunderts Bahnlinien angelegt.

1906 wurde die Strecke von Westerburg über Rennerod nach Herborn vollendet und im Ort Westerburg das breite Tal des Hülsbaches mit einer 257 m langen Brücke aus Eisen überspannt. Sie war von der „Killmannschen Eisenbau-Aktiengesellschaft" als genieteter Träger über vier Ständern konstruiert worden und stützte sich mit massiven Widerlagern gegen beide

Berghänge. Durch ihre zukunftsweisende Bauweise im freien Verbau konnte die Errichtung eines Hilfsgerüstes vermieden werden. Die Bahnstrecke führte über den Obergurt, während der Untergurt für die Überführung eines Fußgängersteges gedacht war.

Die Brücke war in der kurzen Bauzeit von nur zehn Monaten vollendet worden und wurde schon zur Zeit ihrer Entstehung als technische Meisterleistung gerühmt. Sie galt als „die schönste Sehenswürdigkeit weit und breit" und als „neues Wahrzeichen von Westerburg"

Seit 1978, als die Bahnstrecke stillgelegt und der Zugverkehr eingestellt worden war, wird der Abbruch der Brücke wegen angeblich hoher Kosten der Bauunterhaltung diskutiert. Er konnte jedoch zunächst abgewendet werden.

Lage:
In Ortsmitte, weithin sichtbar.

Vulkanexpreß im Brohltal

DIE „Gründerjahre" des späten 19. Jahrhunderts hatten auch der Steinindustrie in der Nordeifel ein Wachstum gebracht. Die starke Nachfrage nach Tuff und Basalt, sowie weiterer Bodenschätzen der Region, machte einen schnelleren Transport der Steine zum Rhein notwendig. Dies konnten Pferdefuhrwerke nicht mehr leisten. Statt dessen bot sich als Alternative der Bau einer Bahnstrecke durch das Brohltal von Brohl über Weibern nach Kempenich an. Hierzu wurde im Jahre 1896 als Betriebsgesellschaft die „Brohltal-Eisenbahn AG" gegründet, die bereits 1899 mit den Arbeiten zum Bau dieser Bahn begannen. 1901 war bereits die Strecke bis Weibern, 1902 bis Kempenich fertiggestellt. Später erfolgte eine Verlängerung bis nach Engeln.

Auf Grund teilweise enger Kurvenradien, insbesondere in der Nähe der Schweppenburg, wurde der Bautyp einer Schmalspurbahn mit einer Spurbreite von 1000 mm gewählt. Bei einer Gesamtlänge von 17,5 Kilometern überwand die Bahn einen Höhenunterschied von fast 400 Metern. Dabei ergab sich bis nach Oberzissen ein Steigungsverhältnis von 1 : 20. Die anschließende Steilstrecke mit einem Verhältnis von 1 : 40 bis zum Endpunkt in Engeln konnte nur mit Hilfe einer Zahnradlokomotive bewältigt werden.

Im Jahre 1934 konnte man auf das aufwendige Zahn-stangensystem verzichten, nachdem eine Speziallo-komotive für den Betrieb auf Steilstrecken in Betrieb genommen wurde. 1974 wurde schließlich der Strek-kenabschnitt von Engeln nach Kempenich stillgelegt und die Schienen demontiert.

Heute gehört die Brohltalbahn zu den wenigen Schmalspurbahnen in Deutschland, die noch in Be-trieb sind. Sie wird zum Transport von Phonolith ge-nutzt, eines jungen Ergußgesteins, das in gemahlener Form als Kaliumdüngemittel verwandt wird, und vor-nehmlich an Wochenenden zum Personentransport. Dann ist eine Fahrt mit der Bahn, auch „Vulkanex-preß" genannt, eine Touristenattraktion ersten Ran-ges. Die alten Verladeeinrichtungen im Hafen von Brohl und die historische Betriebswerkstatt bringen dem Besucher noch heute wesentliche Aspekte der betriebstechnischen Versorgung nahe. Der große Via-dukt mit sieben Bögen und der anschließende Tunnel am sog. „Jägerheim" künden von der Bedeutung der Bahntrasse als Ingenieurleistung. Von den Halte-punkten haben sich noch diejenigen von Brohl, Nie-derzissen, Weibern und Kempenich sowie das reprä-sentative Empfangsgebäude von Burgbrohl erhalten.

Malbergbahn

Als Folge des Krieges zwischen zwischen Preußen und Österreich im Jahre 1866 war das Herzogtum Nassau im folgenden Jahr von Preußen annektiert worden. Im Bad Ems wurde daraufhin im Jahre 1867 die Spielbank geschlossen. Denn dieses Glücksspiel galt in Preußen als unmoralisch. Obwohl der preußi-sche König von nun an bis 1887 in jedem Jahr zur Kur nach Ems kam, drohte dem gesellschaftlichen Leben und dem Kurbetrieb ohne die Möglichkeit des Glücks-spiels durch Fernbleiben zahlungskräftiger Gäste eine finanzielle Einbuße. Das örtliche Hotelgewerbe sann daher auf neue Attraktionen und plante den Bau einer Freizeitanlage auf dem Malberg. Hierzu konnte nur eine Schienen-Steilbahn die notwendige zügige An-bindung an die Stadt bringen. Daher wurde 1886 eine „Hotelgesellschaft" aus Emser Bürgern und dem Köl-ner Bankhaus Stern zum Betrieb einer Bahn gegrün-

det. Schon im folgenden Jahr konnte sie in Betrieb genommen werden.

Mit einer Länge von 520 Metern und einer Steigung von 45–54% überwand die Bahn die Höhendifferenz von 260 Metern in kurzer Zeit. Die von der „Eßlinger Maschinenfabrik" gefertigte Anlage war eine Drahtseil-Zahnstangenbahn und wurde durch Wasserballast angetrieben. Hierzu hingen zwei Wagen an einem 535 Meter langen, über eine Umlaufscheibe auf der Bergstation geführten Drahtseil. Der mit Wasser gefüllte und damit schwerere zu Tal fahrende Wagen zog den leichteren aufwärts fahrenden Wagen nach oben.

Die Emser Malbergbahn war die steilste deutsche Bergbahn und die älteste mit Wasser betriebene und war der Vorläufer der noch betriebenen Wiesbadener Nerobergbahn. Das Pumpwerk für den Betrieb der Bahn wurde auf dem Grundstück Wilhelmsallee 40 erbaut. Von dort wurde das Lahnwasser mit Hilfe einer Dampfmaschine in ein Wasserreservoir auf den Malberg gepumpt.

Im Jahre 1981 wurde aus sicherheitstechnischen Gründen die Malbergbahn stillgelegt. Erhalten haben sich noch die Fachwerkgebäude der Tal- und Bergstation sowie die Bahntrasse in ganzer Länge. Sie lassen noch die gesamten Funktionsabläufe erkennen und geben Zeugnis von einem bedeutenden Technischen Denkmal, das Teil des Kurbades und seines gesellschaftlichen Lebens war.

Lage:
Auf dem Westufer der Lahn hinter der russischen Kirche.

Anlagen des Wasserbaus

Der Rhein

Binger Loch

NÖRDLICH von Bingen tritt der Rhein in das Rheinische Schiefergebirge. Hier suchte er sich in Millionen von Jahren während des Auffaltens der Schieferschichten seine Wasserrinne. Es entstand so das kurvenreiche, teilweise schluchtartige Flußtal.

Verkehrsbedeutung hat der Rhein seit der Römerzeit. Doch war die Schiffahrt bis in die Neuzeit ein gefährliches Unterfangen. Natürliche Hindernisse wie Riffe und Klippen, aber auch vom Menschen gemachte Beschränkungen wie Zölle und Stapelrechte stellten bis in das 19. Jahrhundert hinein erhebliche Hindernisse dar.

Mit dem Bau der Burg Ehrenfels auf dem rechten Ufer schufen die Mainzer Erzbischöfe im 13. Jahrhundert, verbunden mit einem Zollhaus am Ufer, durch das Kassieren von Zöllen eine ihrer wichtigsten Einnahmequellen. Als Wart- und Außenposten der Burg Ehrenfels wurde im 14. Jahrhundert auf einer Felsklippe im Strom der Mäuseturm errichtet, eigentlich ein „Mautturm". Der Volksmund umrankte den Turm mit der Geschichte vom hartherzigen Mainzer Erzbischof Hatto, der von Mäusen gefressen, im Turm elendig umkam.

Durch die politischen Veränderungen infolge des Wiener Kongresses wurde der Mäuseturm zum Grenzpunkt zwischen Preußen und Hessen-Darmstadt auf dem linken sowie Nassau auf dem rechten Rheinufer. Einer ersten Instandsetzung im Jahre 1845 folgte in den Jahren 1855–56. der Neubau des oberen Turmabschlusses. Der Turm sollte mit reichem Zinnenabschluß dem zu Tal fahrenden Reisenden „den Eintritt in die Staaten eines mächtigen Königs" verdeutlichen und gleichzeitig als Signalturm für die Schiffahrt sowie Wohnung für einen Aufseher dienen. Nach Grundideen von Rhein-Schiffahrts-Inspektor Butzke und Strom-Baudirektor Nobiling, dem Planer und Organisator der Rheinregulierung, lieferte Wasser-Bauinspektor Gärtner einen ersten Entwurf. Diesen veränderte der preußische König Friedrich Wilhelm IV. eigenhändig durch

Hinzufügen der Ecktürme und des Treppenturmes, um die Baumasse des Turmes höher und gleichzeitig romantischer erscheinen zu lassen. Die Ausführungsplanung stammte vom Kölner Dombaumeister Ernst Friedrich Zwirner in Verbindung mit Friedrich Albert Cremer. Die Bauleitung besorgte Wasser-Bauinspektor Hipp. (Vergl. Heft 8, „Bauen seit 1800")

Eine geographisch und politisch besondere Stellung kam der Rheinenge bei Bingen zu, dem „Binger Loch", wo Felsriffe für die Schiffahrt eine natürliche Sperre bildeten. Der Flußlauf war hier nur mit äußerster Gefahr für Menschen und Güter und in einer engen Rinne zu passieren. Schiffe benötigten, um den Engpaß durchqueren zu können, die Hilfe eines Lotsen. So gab es seit dem 17. Jahrhundert immer wieder Versuche, durch Sprengungen der Felsen die Fahrrinne zu vertiefen und damit die Schiffbarkeit zu verbessern, jedoch mit begrenztem Erfolg.

Als im frühen 19. Jahrhundert die Dampfschiffahrt auf dem Rhein aufkam, bot sich die Chance, größere Lasten zu transportieren. Dies setzte jedoch eine noch tiefere Schiffahrtsrinne voraus. In immer neuen Intervallen, 1830–1841, 1860 und 1893–1894, wurden weitere Felsen im Rhein weggesprengt. Das Vertiefen des Flußbettes mußte jedoch in Abhängigkeit von der Fließgeschwindigkeit des Rheins und der Gefahr der Senkung des Wasserspiegels im Rheingau gesehen werden. So wurde gleichzeitig das Strombett durch Längswerke künstlich verschmälert. Weitere Sprengungen erfolgten von 1925–1931 und von 1966–1974, wodurch das Binger Loch praktisch beseitigt wurde.

Pegelturm in Kaub

FÜR die Stadt Kaub war die Verbindung mit dem Rhein und der Rheinschiffahrt über Jahrhunderte hinweg ein wesentlicher Teil ihrer wirtschaftlichen Grundlage. Noch bis in unser Jahrhundert waren ca. 150 Familien in Kaub in Schiffahrts-Berufen tätig. Zudem hatte der Ort bis nach dem Zweiten Weltkrieg die größte Lotsenstation am Rhein, die im Jahr 100 000–150 000 vorbeifahrende Schiffe betreute.

Denn trotz der Vertiefung der Schiffahrtsrinne im Rhein durch Sprengungen, blieb die Schiffahrt auf dem Rhein zwischen Bingen und Kaub auch in der zweiten Hälfte des 19. Jahrhunderts äußerst gefährlich. Die Mitfahrt von Lotsen und die exakte Messung der Höhe des Wasserstandes durch Pegel waren daher unerläßlich.

So wurde seit dem Ende des 19. Jahrhunderts über die ganze Länge des Rheins ein System von Meßstationen eingerichtet, wobei der Pegel von Kaub für die Ladetiefe der Schiffe von besonderer Bedeutung war. Die Regel besagte, daß die Ladetiefe der zu Berg fahrenden Schiffe nicht mehr als 60 Zentimeter über dem Kauber Pegel liegen dürfe, um die Bergstrecke passieren zu können.

42

In diesem Zusammenhang wurde in Kaub im Jahre 1905 nach Plänen der Wasserbauinspektion in Koblenz ein Pegelturm errichtet. Man wählte einen weithin sichtbaren Standort am Rheinufer nördlich des Runden Turmes in der Nähe der Lotsenstation. Mit seiner Höhe von 18 Metern wurde er ein Wahr- und Merkzeichen für die Rheinschiffahrt. Mit Spitzdach und Verschieferung sollte er im Sinne eines landschaftsgebundenen Bauens in das Stadtbild integriert werden.

Rheinkran in Andernach

Seit dem Mittelalter stellten die Fertigung von Mühlsteinen aus hartem Basaltgestein und der Handel mit Basaltprodukten im Wirtschaftsleben von Andernach einen erheblichen Faktor dar und begründeten den Wohlstand der Stadt. (Vergl. S. 73 ff.) Die Basaltrohlinge kamen aus der Eifel und wurden auf dem Landwege bis nach Andernach transportiert. Die hieraus gefertigten Mühlsteine wurden auf Schiffe umgeladen und auf dem Rhein bis nach Holland, Dänemark und England versandt. Um das Verladen zügiger zu gestalten, wurde in den Jahren 1554–1559 im Auftrage des Rates der Stadt ein ortsfester Kran mit Schwenkarm installiert und hierdurch ältere, auf Schiffen montierte Kräne ersetzt. Die Quellen nennen als Planer den Kölner Werkmeister Clais Meußgin, als Bauleiter Hans Pergener, zwei sonst nicht nachweisbare Handwerker.

Die Funktion des Kranes basiert auf folgendem technischem Prinzip: In einem Rundbau aus Stein können Auslegerarm und Kegeldach im Winkel von 360 Grad um die Achse des mächtigen „Königs" geschwenkt werden. Dessen Zapfen liegt über einem Bronzelager auf einem Mühlstein als Druckausgleich. Das Auf- und Abwärtsbewegen der Lasten geschieht über einen 16 Meter langen, schwenkbaren Auslegerarm und zwei großen Laufrädern. Mit ihm wurden die Steine in die Schiffe verladen. Der aus Bruchstein hergestellte Rundbau erhält seine besondere künstlerische Ausprägung durch einen Maßwerk-Bogenfries und die Gliederungsbänder der umlaufenden Brüstung.

Rheinkran Andernach,
Zustand um 1900

Lage:
Nördlich der Stadt, am
Rheinufer. Anfragen zur
Besichtigung an das
Stadtmuseum
Andernach,
Tel. 02632/922-218.

Der Kran war bis zum Jahre 1911 in Funktion. Umfangreiche Instandsetzungen an den Werksteinen und der technischen Anlage erfolgten in den Jahren 1894, 1911 und 1987–1988.

Der Andernacher Rheinkran gehört zu den ältesten festen Krananlagen in Deutschland. Im Vergleich mit den Rheinkränen von Winkel und Bingen ist er technisch und künstlerisch der bedeutendste.

Die Mosel

Der Schiffahrtsweg

ÜBER Jahrhunderte war die Mosel Verkehrsweg und Siedlungsachse zugleich. Heroisch und lieblich, still, aber auch von Industrie genutzt, so gegensätzlich sind ihre Ufer und Berghänge. Für das Kurfürstentum Trier, für Luxemburg und Lothringen war der Fluß verkehrs- und handelsmäßiges Rückgrat, Transportachse für vielfältige Güter.

Schiffahrt und Fischerei waren bis zum Zweiten Weltkrieg an der Mosel wichtige Erwerbszweige. Doch hatten die Moselschiffe immer mit Niedrigwasser zu kämpfen. So wurden bereits 1838 Pläne zur Kanalisierung der Mosel erwogen, um den Wasserstand zu heben und die wertvollen lothringischen Erze an den Rhein zu bringen. Aber erst ab 1953, im Zuge der beginnenden europäischen Einigung und der deutsch-französischen

Annäherung, wurden diese Pläne ernsthaft verfolgt. Das Ziel war, eine Wassertiefe von 2,50 Metern und eine Schiffahrtsrinne in einer Breite von 40 Metern zu erreichen. Im Jahre 1956 wurde der Staatsvertrag von den Anliegerstaaten Deutschland, Frankreich und Luxemburg zum Ausbau der Mosel ratifiziert, 1964 konnte das erste Schiff mit einer Nutzlast von 1500 Tonnen die Mosel von Diedenhofen bis Koblenz befahren.

Der Bau höherer Staustufen war die Voraussetzung. Jede hat eine Stauhöhe von 5,00–8,00 Meter, die Schiffsschleusen haben eine Breite von 12 Meter und eine Länge von 170 Meter. Das Gefälle wird bei allen Staustufen gleichzeitig durch Kraftwerke zur Stromgewinnung genutzt.

Der Schiffsverkehr auf der Mosel ist seit der Fertigstellung der Kanalisierung stark gestiegen. Bei voller Ausnutzung der Schleusen können täglich 90 Schiffe stromauf- und -abwärts fahren. Hinzu kommt die Bedeutung des Flusses für Touristenschiffe und Sportboote.

Auf deutscher Seite liegen die Schleusen bei Koblenz, Lehmen, Müden, Fankel, Neef, Detzem, Trier

Fährturm an der Mosel in Hatzenport

BEREITS seit der Zeit vor 1000 ist eine Handelsstraße vom Hunsrück in das Maifeld bekannt, die beim

heutigen Hatzenport die Mosel kreuzte. Sie dürfte der Grund für die Anlage des Ortes im Moseltal gewesen sein. Die Überquerung des Flusses erfolgte durch eine mit Rudern betriebene Fähre, die sich zur wichtigsten Moselüberquerung der Region entwickelte. Nach einer alten Chronik soll Kaiser Napoleon bei seiner Moselüberfahrt in Hatzenport die Fähre an die Ortsgemeinde geschenkt haben.

Um 1863 wurde in Hatzenport eine neue, leistungsfähige „Gierfähre" eingerichtet. (Gieren = Pendeln, Abweichen eines Schiffes vom geraden Kurs).

Ihre Funktionsweise ist folgende: Das stromaufwärts verankerte „Giertau" pendelt um einen Befestigungspunkt, wenn das am anderen Ende des Taus befestigte Boot von einem zum anderen Ufer fährt. Dabei steht es zunächst gegen die Fließrichtung, später wird es vom Wasser in dessen Fließrichtung gedrückt. Auf der Hatzenporter Seite wurde das Seil über den neuen Fährturm mit einem Rad zum gegenüberliegenden Wohnhaus (heute Moselstr. 26) geführt und am jenseitigen Ufer im Hang befestigt, der aus Bruchstein errichtete Turm dabei aber ausschließlich durch senkrecht abgeführte Lasten beansprucht. Mittels eines weiteren Spannseiles zwischen

Rad und einer Winde am Fuß des Turmes konnte das Hauptseil straff gespannt werden.

Der Fährturm von Hatzenport mit seiner Spitze und dem ausladenden Kranzgesims orientierte sich an mittelalterlichen Kirchtürmen der Region, hatte aber im Fährturm von Schweich aus dem späten 18. Jahrhundert einen direkten Vorläufer. Heute ist er ein Beispiel für die Frühform der Industrialisierung im Schiffahrtswesen auf der Mosel.

Nach der Kanalisierung der Mosel ab 1963 entfiel die Aufgabe des Turmes, nachdem zunächst eine motorgetriebene Fähre eingerichtet und später bei Löv die feste Moselbrücke errichtet worden war.

Lage:
In Ortsmitte am
Moselufer.

Lahnschleusen zwischen Nievern und Lahnstein

SCHIFFAHRT konnte auf der Lahn bis zum Ende des 18. Jahrhunderts nur in bescheidenem Umfang dadurch betrieben werden, als Stauwehre den Fluß zu einer Wasserhöhe von 1,30 m aufstauten. Die Schiffe mußten mit Pferden am Ufer durch „Schiffsgassen" gezogen werden. Seit der Mitte des 17. Jahrhunderts gab es immer wieder Bemühungen, den Wasserstand der Lahn zu erhöhen. Doch kamen die hierfür notwendigen Absprachen der Anliegerstaaten Hessen und Kurtrier zunächst nicht zustande, obwohl sich Landgraf Georg von Hessen 1653 bemühte, die in Wetzlar tagenden Reichsstände zu einer gemeinsamen Aktion zu bewegen. Auch die Versuche des Trierer Kurfürsten Hugo von Orsbeck von 1687, zunächst eine technische und wirtschaftliche Grundlage durch entsprechende Planungen zu erhalten und die Lahn in ein Verbundsystem der Rheinnebenflüsse einzubeziehen, blieben ohne Erfolg.

Ein Ausbau der Lahn von der Mündung bis nach Gießen erfolgte erst in der Mitte des 19. Jahrhunderts nach Übereinkünften zwischen dem Herzogtum Nassau und dem Großherzogtum Hessen-Darmstadt sowie dem Königreich Preußen. Das technische Ziel war es, eine Befahrbarkeit der Lahn von Weilburg bis zur Mündung für Schiffe mit einer Nutzlast bis zu 75 t, Abmessungen von 31,40 Meter Länge und 4,00 Me-

tern Breite und einem Tiefgang von 63 cm herzustellen. Das wirtschaftliche Ziel war es, die Erzvorkommen aus dem Kreis Wetzlar zügig an den Rhein zu transportieren. Zu den bedeutenden technischen Leistungen gehörte der Durchstich der Lahn unter der Stadt Weilburg mit einem 182 m langen Schiffstunnel.

Der Unterlauf der Lahn wurde in verschiedenen Staustufen abgetreppt. Hierbei wurde der Fluß jeweils diagonal durch einen Wall aufgestaut und die Höhendifferenz für den Schiffahrtsverkehr durch eine Schleusenkammer überbrückt. Alle Schleusen sind im Mittel 5,40 Meter breit und 32,50 Meter lang. Ihre Wandflächen bestehen aus Sandstein oder Trachyt. Gegen die Fließrichtung waren Stemmtore aus Holz eingestellt, die vom Wasserdruck dicht gedrückt wurden und in Ruhestellung in Wandnischen verschwanden. Mit langen Hebelarmen wurde das Öffnen der Tore bewirkt.

Sehr gut ist noch heute das urspüngliche Bauprinzip an den Schleusen in der Nähe der Nieverner Hütte (1848/50) und denen von Hohenrhein (1850/52) und Ahl (1851/53) zu sehen.

Im Zuge von Modernisierungen der Schleusen wurden alle hölzernen Torflügel gegen Ende des 19.

Lage:
Über die L 260, von
Lahnstein kommend,
Schleusen flußaufwärts
in der Abfolge
Hohenrhein
(Ortsausgang von
Niederlahnstein), Ahl
(kurz vor dem Abzweig
nach Frücht),
Nieverner Hütte.

Jahrhunderts durch Stahlkonstruktionen ersetzt. Aus dieser Zeit haben sich eine Reihe von Stromwärterhäusern erhalten, wie die von Hohenrhein und Ahl. Sie sind Bauten mit massivem Erdgeschoß und Fachwerkobergeschoß.

Fulbert-Stollen am Laacher See

Im Jahre 1093 gründeten Pfalzgraf Heinrich II. aus dem Hause der Luxemburger und seine Frau Adelheid von Orlamünde am Ufer des später so genannten Laacher Sees ein Kloster und besetzten es mit Benediktinermönchen aus der Abtei St. Maximin in Trier. (Vergl. Heft 3, „Romanik" und Heft 6, „Klöster")

Der in einem Krater-Mundloch entstandene Laacher See wird von Quellen im See und Niederschlags-

wasser gespeist und hat keinen natürlichen Abfluß. Dies brachte wechselnde Wasserhöhen und zeitweise Überschwemmungen des Klosterbereiches mit sich. Um dies abzustellen und gleichzeitig weitere Nutzflächen für die Landwirtschaft zu erhalten, ging Abt Fulbert (1152–1177) ein weitreichendes Projekt an: Er wollte durch den Bau eines Stollens dem See einen Abfluß schaffen und so eine gleichmäßige Regulierung des Wasserspiegels erreichen. Ein erster schriftlicher Bericht hat sich hierzu aus der Amtszeit des 11. Abtes Theoderich II. von Lehmen (1256 –1295) erhalten. Als Vorbilder waren in jener Zeit nur antike Stollen in Italien zur Entwässerung von Kraterseen und unterirdische römische Wasserleitungen in der Vulkaneifel bekannt .

Mit dem „Fulbert-Stollen" wurde der südliche Kraterrand in einer Länge von 825 m durchstoßen und 28 bis 30 Bauschächte senkrecht in das Erdreich eingetrieben. Von dort wurde der Stollenbau durchgeführt. Der Stollen hat im Mittel einen Querschnitt von 1,50 x 3,50 Meter (ohne Berücksichtigung der modernen Verfüllungen). Das Wasser wurde in einen offenen Bachlauf am heutigen Mühlteich eingeleitet.

Bis in das frühe 19. Jahrhundert war der Fulbert-Stollen in Funktion und wurde danach durch Einstürze am Südende unbrauchbar. Nachdem im Jahre 1820 durch Kauf die aufgehobenen Klosteranlagen an die Familie des Trierer Regierungspräsidenten Daniel Heinrich Delius übergegangen waren, ließ diese im Rahmen der Aktivierung des Wirtschaftsbetriebes im Jahre 1844 einen neuen Stollen vortreiben. Er wurde etwa 5 m unter dem alten Stollen in einer Länge von 1060 Metern geführt. Dabei wurde der alte Stollen z. T. durch das Abraummaterial des neuen verfüllt. Er ist noch heute in Betrieb.

Beide Mundlöcher des Fulbert-Stollens sind heute verschüttet. Durch vier Querstollen kann er vom modernen Stollen betreten werden.

Lage:
Die moderne Wasserführung geschieht vom Südrand des Laacher Sees, zunächst über einen ca. 30 Meter langen, offenen Graben, danach als unterirdischer Stollen. Der Abfluß erfolgt in den Mühlteich. Der Stollen ist nur mit Sondergenehmigung zu begehen. Ein Wanderweg mit geologischen, erdschichtlichen und technikgeschichtlichen Stationen ist gekennzeichnet.

Wasserturm in Großmaischeid

1923 ließ die Ortsgemeinde von Großmaischeid im Kreis Neuwied, im Zuge einer neuen kommunalen Wasserversorgung, einen Wasserturm errichten. Da-

mit sollte die bisherige Wassergewinnung durch Einzelbrunnen ersetzt werden. Ungewöhnlich ist hierbei die Tatsache, daß dafür Stahlbeton und Holz verwandt wurden. Der gedrungene Turmschaft von quadratischem Querschnitt ist eine Stahlbeton-Rahmenkonstruktion, die auf Konsolen eine Stahlbetonplatte trägt. Hierauf wurde in traditioneller Zimmermannstechnik aus Holz das Schutzhaus zur Umhüllung des Wassertankes errichtet. Zeltdach und Lüftungsaufsatz schließen das Dach nach oben ab. Der Wassertank besteht ebenfalls aus Stahlbeton.

Während die ausladenden und sich nach oben verjüngenden Stahlbetonstützen expressionistische Vorbilder nicht verleugnen, dürfte die Verwendung von Holz aus dem Gemeindewald auf die knappen Finanzmittel der Gemeinde in der Inflationszeit hinweisen.

Lage:
Über die L 413 von Bendorf in Richtung Dierdorf, in Kleinmaischeid abbiegen nach Großmaischeid. Besuch des Turmes nach Voranmeldung bei Ortsbürgermeister Schmalebach. (02689/5281)

Seit dem Anschluß von Großmaischeid an den Wasserversorgungs-Verbund Dierdorf, neuerdings an das Kreiswasserwerk Neuwied, ist der Turm außer Betrieb.

Wasserturm in Remagen-Kripp

DER kleine Rheinort Kripp bei Remagen hatte als Haltepunkt für die Rheinschiffahrt und als Brückenkopf einer Fähre nach Linz seit dem frühen 19. Jahrhundert einen starken Aufschwung genommen. Um die Mitte des 19. Jahrhunderts kam die Ansiedlung neuer Industriebetriebe und die Anlage einer Ziegelfabrik hinzu, die den Bau zahlreicher Wohnhäuser nach sich zog. So plante die Gemeindeverwaltung seit dem Jahr 1900 im Zuge einer Verbesserung der Infrastrukturen, die bisher dezentral betriebenen, gemeindeeigenen Brunnen durch eine zentrale kommunale Wasserversorgung zu ersetzen.

Im Jahr 1904 wurden die Pläne durch den Bau eines Wasserwerkes mit kombinierter Pumpanlage in die Tat umgesetzt. Wichtiges Teilstück im neuen System war der Bau eines Wasserturmes zur Erhöhung des Wasserdrucks. Er wurde an der Weinbergstraße auf der höchsten Stelle des Ortes errichtet. Die Planung stammte vom Baumeister Roth des Landkreises Ahrweiler. Als Baumaterial für den Schaft wählte man im Ort gefertigte Feldbrandsteine. Ein in Eisen konstruierter Kopf mit kleiner Lüftungshaube wurde zur Aufnahme des Wasserbehälters nach dem System Intze mit einem Volumen von 80 Kubikmeter aufgesetzt.

In seiner über 90jährigen Geschichte hat sich der Wasserturm mit seiner Gesamthöhe von 35 Metern zum Wahrzeichen des Ortes entwickelt. Infolge des erhöhten Wasserbedarfes konnte der Turm die notwendige Kapazität nicht mehr bereitstellen und wurde im Jahre 1994 aus dem laufenden Betrieb genommen. Dies war der Beginn seines langsamen Verfalls. Auf Grund von Bauschäden mußte die Lüftungshaube im gleichen Jahr abgenommen werden. Eine Umnutzung als Wohngebäude kam bisher nicht zustande. Trotzdem bleibt seine Bedeutung als sichtbares Teilstück der alten kommunalen Wasserversorgung und als Markierungspunkt des Ortes in der Fernsicht am Rheinufer.

Lage:

Auf der B 9 nach Remagen, am Südrand zum Rhein abbiegen.

Wasserturm in Neuwied-Engers

Im Jahre 1900 ließ die selbständige Gemeinde Engers zur kommunalen Wasserversorgung am Ostrand des Ortes einen Wasserturm errichten. Das Äußere des Turmes und sein Konstruktionsprinzip sind mit dem Turm von Kripp annähernd identisch. Mit einer Gesamthöhe von 36 Metern ist der Engerser Turm um einen Meter höher als der von Kripp. Der konisch zulaufende Schaft des Turmes von Engers wurde mit gelben Verblendklinkern, im Kontrast mit roten Bändern, verkleidet. Einziger Schmuck ist das vorgezogene, durch Pilaster und eine schmale Attika akzentuierte Portal. Darüber sitzt der Aufsatz für den Wassertank nach dem System Intze mit Zeltdach und Lüftungshaube.

Seit 1984 ist der Wasserturm nicht mehr in Betrieb, hat sich aber inzwischen im Bewußtsein der Engerser Bürger neben dem Schloß zu einem Identifikationspunkt in der Ortssilhouette entwickelt.

Bahn-Wasserturm
in Oberlahnstein

DIE seit 1864 zwischen Wetzlar und Koblenz fertig-gestellte Bahnstrecke trug in erheblichem Maß zur Entwicklung von Oberlahnstein und zur Erschließung neuer Baugebiete bei. Der Bahnhof wurde 1885 im Zusammenhang mit der Erweiterung der Gleisanlagen an der Braubacher Straße mit neuen betriebstechnischen Bauten wie Werkstatt, Lokschuppen und Bahnmeisterei umgeben.

Wenig später wurde in unmittelbarer Nachbarschaft der Wasserturm zur Versorgung der Lokomotiven errichtet. Wiederum wurde wie bei den beiden vorangehenden Beispielen einem konisch zulaufenden, kreisrunden Schaft ein zylindrischer Wasserbehälter nach dem Intze-Konstruktionsprinzip aufgesetzt. Rote Klinkerbänder zwischen gelben Steinen und ein oberer Bogenfries wurden zur Gestaltung der Fläche eingesetzt. Der Stützboden-Wasserbehälter hat eine Stahlfachwerk-Umhüllung und endet mit der typischen Laterne.

Lage:
Am südlichen
Ortsausgang von
Lahnstein in Richtung
Braubach an der B 42.

Der Wasserturm von Oberlahnstein ist eines der wenigen Teilstücke, die noch an die große technische und wirtschaftliche Bedeutung des Bahnknotenpunktes Oberlahnstein an der Wende vom 19. zum 20. Jahrhundert erinnern, nachdem im Jahr 1987 der große Lokschuppen abgebrochen worden ist. Er ist wahrscheinlich der älteste noch erhaltenen Wasserturm in Rheinland-Pfalz.

Eisenbrunnen im Westerwald

SEIT dem Jahr 1867 hatte sich in Diez die Firma Theodor Ohl auf den Bau von Pumpen und Systemen zur Wasserversorgung spezialisiert. Durch Kataloge bot sie ihr umfangreiches Programm an. Hierzu gehörten ebenso alle oberirdischen Teile wie Pumpsäulen in Eisenguß und Wassertröge aus vorgefertigten Eisenplatten wie auch die im Erdreich verlegten Leitungssysteme. Gegen Ende des 19. Jahrhunderts konnte die Firma durch die Installierung einer Dampfmaschine ihre Werksproduktion erheblich steigern und empfahl sich als Fachbetrieb zur kommunalen Wasserversorgung .

In den Jahren 1870–1890 ist die Tätigkeit der Firma Ohl in zahlreichen Orten in der Region zwischen Lahn und unterem Westerwald nachzuweisen. Sie bot die Einrichtung von Brunnen mit zwei verschiedenen Typen von Wassertrögen an:

Längliche Tröge, doppelt so lang wie breit, oder achteckige Brunnenschalen. Boden und Wandflächen bestehen aus verschraubten Eisenplatten mit serienmäßig aufgesetzten Ornamenten. (Vergl. die ähnlichen Brunnen der Rheinbölller Hütte, S. 60).

Allen Brunnen gemeinsam ist die reiche Gestaltung in Form einer antikisierenden Säule mit Schaft und Kapitell und der Austritt des Wassers aus einem Löwenkopf.

Eisenbrunnen in Höchstenbach

Brunnen nach länglichem Typus finden sich in Hunzel und Hirschberg im Rhein-Lahnkreis, Maxsein und Schenkelberg im Westerwald sowie Marienhausen bei Dierdorf im Kreis Neuwied. Achteckige Brunnenbecken sind in Birlenbach im Rhein-Lahnkreis und Höchstenbach im Westerwaldkreis zu finden. Daneben gibt es den Typus, bei dem nur eine Pumpsäule ohne großen Brunnentrog installiert oder nur eine kleine Brunnenschale aufgestellt wurde.
Alle Brunnen stehen jeweils in Ortsmitte

Grube Georg bei Willroth

DER Bergbau läßt sich im Großraum von Horhausen am Südrand des Westerwaldes seit dem 13. Jahrhundert nachweisen. Doch handelte es sich bis in die Mitte des 17. Jahrhunderts ausschließlich um kleine Bergwerke als kurtrierisches Lehen. Nach dem Anschluß der Rheinlande an Preußen erwarb der preußische Staat die Gruben „Georg", „Louise" und „Friedrich-Wilhelm". Man begann mit dem Abteufen des „tiefen Georgsstollens", der 1822 mit einer Sohlentiefe von 73 Metern den Erzgang erreicht hatte. Abnehmer des dort gebrochenen Spateisens waren die Rasselsteiner Hütte bei Neuwied und die Sayner Hütte. Als ab 1865 die Sayner Hütte an die Firma Krupp übergegangen war, begann auf der Grube „Georg" ein intensiver Abbau der Erze. Hierzu wurde ein neuer Schacht von der Willrother Höhe bis auf die Tiefe von 165 Metern abgeteuft und darüber ein neues eisernes Fördergerüst, „Schacht I", errichtet. Der Bau der Ei-

Grube Georg, Schacht I und II um 1955

senbahnstrecke von Engers nach Altenkirchen und einer Schmalspurbahn zum Haltepunkt Seifen sowie die Einrichtung einer Seilbahn zwischen den Gruben Georg und Louise ergaben eine zügigere Transportmöglichkeit der Erze zum Rhein und bewirkten eine weitere Produktionssteigerung. Sie hielt noch bis in die Jahre nach dem Zweiten Weltkrieg an und führte nach dem Abteufen des „Schachtes II" auf 724 Meter Tiefe und dem Bau des heute noch erhaltenen Fördergerüstes im Jahre 1953 zu einem letzten Höhepunkt.

Nach dem Ende des Zweiten Weltkrieges bahnten sich jedoch auf europäischer Ebene starke Veränderungen in der Montanindustrie an, die den Erzbergbau im Westerwald und im Siegerland nicht mehr rentabel erscheinen ließen. Sie bedeuteten für die Grube „Georg" die Einstellung der Förderung zum 31. März 1965. In den Jahren 1993–1995 wurde das inzwischen unter Denkmalschutz gestellte Fördergerüst umfassend entrostet und saniert.

Nach dem Abbruch des Fördergerüstes der Grube „Wolf" bei Herdorf im Jahre 1974 ist dasjenige der Grube „Georg" das letzte in Rheinland-Pfalz. Außerdem ist es eines der wenigen Zeugnisse der untergegangenen Eisenerzförderung im Westerwald.

Lage:
BAB 3, Ausfahrt Neuwied, vor dem Ort Willroth links ab zum Werksgelände der Fa. Georg.

Grube Dr. Geier bei Waldalgesheim

ALS man gegen Ende des 19. Jahrhunderts die Bedeutung des Manganerzes als Zuschlagstoff bei der Stahlveredlung und damit als rüstungswichtigen Rohstoff erkannte, stieg auch die Attraktivität der Lagerstätten im Hunsrück. So begann ab 1885 der Mainzer Architekt Dr. Heinrich Claudius Geier zwischen Waldalgesheim und Bingerbrück, im neu erschlossenen Grubenfeld Amalienhöhe, Suchschächte abzuteufen und stieß dabei in 18 Metern Tiefe auf umfangreiche Vorkommen von Manganerz. Während bald darauf in der Nähe ein weiterer Schacht mit einer Tiefe von 32 Metern abgeteuft wurde, ließen die Gebrüder Wanderslebben das benachbarte Grubenfeld Elisenhöhe weiter ausbauen. Hierzu wurde vom Rhein aus ein 775 Meter

langer waagerechter Stollen, der „Bingerlochstollen", ergraben, um einen direkten Transport der Erze zur Verschiffung auf dem Rhein zu ermöglichen und von dort zum Verschiffen auf dem Rhein.

Der Zusammenschluß der Gruben Amalienhöhe und Elisenhöhe unter der Leitung des Geologen Dr. Ernst Esch im Jahre 1911 brachte für die Manganerzförderung von Waldalgesheim einen weiteren Aufschwung, zumal der Erztransport von beiden Gruben nach Trechtingshausen ab 1912 über 7,5 Kilometer mit einer Seilbahn erfolgte.

Als während des Ersten Weltkrieges das Deutsche Reich von ausländischen Bezugsmärkten abgeschnitten war und somit Mangel an hochwertigen ausländischen Manganerzen für die Rüstungsindustrie bestand, ergab sich für die Grube die Chance einer nochmaligen Steigerung der Produktion. Voraussetzung war das Abteufen der Schachtanlage auf der Stockert-Höhe oberhalb von Waldalgesheim und der Bau leistungsfähiger Werksanlagen, an deren Baukosten sich das Deutsche Reich zur Hälfte beteiligte.

Die Architekten Gero Marquart und Eugen Seibert aus Darmstadt planten die kompakte Anlage in Art einer barocken Ehrenhofanlage, die in der Bergbauarchitektur im deutschen Raum einzigartig dasteht. Sie gruppierten die Tagesanlagen der Grube annähernd axialsymmetrisch um einen Hof, dessen Mitte von einem oktogonalen Brunnenbecken, betrieben mit dem Kühlwasser der Kompressoren-Anlage, bestimmt wird. Von Pförtnerhaus und Beamtenkasino staffelt sich die Baumasse zu den gegenüberliegenden Bauteilen Lohnhalle und Waschkaue sowie Bar-

barasaal und gipfelt im Wasserturm. Versorgungs-
technisches Herzstück war die mittig angeordnete
Maschinenhalle mit den Fördermaschinen, einer
Kompressorenanlage, Schlosserei und Schmiede.

Nach dem Ende des Ersten Weltkrieges wurde auf
der Grube vornehmlich Dolomit abgebaut. Nach
mehrfachen konjunkturbedingten Produktions-
schwankungen mußte die Grube 1971 schließen.
Trotz Übergangs an einen neuen Eigentümer und
zeitweiligem Betrieb eines Schaubergwerkes ist die
Zukunft der Anlage ungewiß. Es zeichnet sich eine
Verwendung als Fortbildungs- und Freizeitanlage ab.

Für die am Beginn des 20. Jahrhunderts stark gewachsene Zahl der Mitarbeiter entstand ab 1916, am
Randes des Ortes Waldalgesheim und in Sichtweite
der Grubengebäude, eine Werkssiedlung. Die Kon-
zeption der gleichen Architekten ist ebenfalls stark
durch die Einflüsse des Darmstädter Jugendstils geprägt.

Lage.
BAB 61, Ausfahrt
Waldalgesheim, bis in
den Ort, dann nach
Osten auf die Höhe
abbiegen.

Grube Bindweide
bei Gebhardshain

DIE Anfänge zur Förderung von Eisenerz im Gang
„Bindweide" gehen auf das Jahr 1852 zurück, als die
Abbaurechte an die Firma Daniel Stein sen. vergeben
wurden. Denn die Aussicht auf eine Eisenbahnver-
bindung von Siegen nach Hagen mit Anschlüssen an
das Ruhrgebiet ließen die Ausbeutung des phosphat-
armen und damit wertvollen Eisenerzes von Bindweide lohnend erscheinen. Schon wenig später wurden
das neue Grubenfeld und die benachbarten Felder
zur „Gewerkschaft Bindweide" zusammengeschlossen. Das auf Bindweide gebrochene Erz wurde über
den waagerecht verlaufenden Stollen „Herkules" mit
Pferdefuhrwerken in das 12 Kilometer entfernte Betzdorf zum Weitertransport auf die 1861 fertiggestellte
Eisenbahnstrecke Ruhr-Sieg gebracht. Bereits 1864
wurde der neue „Tiefe Stollen" abgeteuft, um weitere
Erzlager zu erschließen. Der Inhaber der Firma, der
Sohn des Gründers, Theodor Stein, stand 1872 auf
der Höhe Schaffens und war in der Region der größte
Arbeitgeber. Da ereigneten sich zwei Wasserein-
brüche auf der Grube und rissen 14 Männer in den

Tod. Stein verkaufte, von der Katastrophe tief getroffen, an die Firma Friedrich Krupp AG, die für ihre Stahlfabrikation im Ruhrgebiet dringend auf Siegerländer Erze angewiesen war. Nun begann die industrielle Ausbeute der Grube: 1880 wurde der erste Tiefbauschacht abgeteuft und die maschinelle Förderung eingeführt. Oberirdisch entstanden neue Tagesanlagen mit einem quadratischen Schachtturm, dessen Bautypus man nach dem Fort Malakoff auf der Krim als „Malakoff-Turm" benannte. Für einen schnellen Transport der geförderten Erze wurde 1882 eine 7,3 Kilometer lange Schmalspurbahn nach Scheuerfeld gebaut. Dort hatte sie Anschluß an die bereits genannte Bahnstrecke Rhein-Sieg. Nachdem der Schacht auf eine Tiefe von 100 Metern niedergebracht worden war, stieg die Erzförderung im Jahre 1888 auf über 100.000 Tonnen im Jahr. Damit war die Grube Bindweide die zweitgrößte im Siegerland. Die immer stärkere Nachfrage nach dem auf der Grube geförderten Eisenerz zog das Abteufen eines weiteren Schachtes bis zur Tiefe von 350 Metern nach sich. Nach dem Zukauf weiterer Grubenfelder wurde er in den Jahren 1907/1908 in Betrieb genommen. Gleichzeitig wurden die heute noch erhaltenen neuen Tagesanlagen in Ziegelbauweise in Betrieb genommen, Kessel- und Förderanlagen, Schachthallen, Büro- und Kauengebäude sowie Röstanlagen und Siebereien zum Aufbereiten der Erze.

Als Folge der Weltwirtschaftskrise wurde die Grube Bindweide im Jahre 1931 stillgelegt. Hohe Kosten für die Wasserhaltung und ein inzwischen schlechter Zustand der Schachtanlagen hatten die Erzförderung

Lage:
Über die B 255 von Montabaur nach Norden. Vor Hachenburg nach Norden in Richtung Betzdorf abbiegen. Besichtigung Mittwoch u.Samstag 14.00–17.00, Sonntag und Feiertag 13.00–17.00. Bei Gruppen vorherige Absprache mit der Verbandsgemeinde Gebhardshain, Herr Otterbach, 02747/809-54.

unwirtschaftlich werden lassen. 1981 wurde der „Tiefe Stollen" als Besucherbergwerk wieder in Betrieb genommen. Mit einer Grubenbahn kann man ihn über eine Länge von 1,3 Kilometer befahren.

Eisenhütten in Bendorf und Sayn

DAS Vorkommen von Eisenerz in den Ausläufern des Westerwaldes, reiche Holzvorräte und Wasserläufe waren die Standortbedingungen, unter denen sich Eisenhütten in Bendorf entwickeln konnten. Sie wurden zur Grundlage eines Wirtschaftsstandortes, der sich im 18. Jahrhundert durch planmäßigen Neuaufbau nach einer Feuersbrunst zu neuer Blüte entwickelte und immer stärker durch die Wirtschaftspolitik der Familie Remy geprägt wurde. Sie gründete die „Untere Hütte" am Rhein und erwarb die Grube auf

den „Vierwinden" zur Versorgung der Hütte. Das palaisartige Stammhaus der Familie von 1748, Untere Vallendarer Str. 1, gehört zu den bedeutenden barocken Wohnbauten der Region. 1804 konnte die Firma am Eingang des Mühltales die Oberhütte einrichten, die jedoch bereits 1844 wegen Mangels an Holzkohle ihren Betrieb einstellen mußte.

Dagegen entwickelte sich die 1838 durch Karl Maximilian Lossen am Westrand des heutigen Orts-

Sayner Hütte, Westfront nach der Restaurierung

teiles Sayn errichtete Concordia-Hütte zu hoher Blüte. Sie fertigte in ihrer Gießerei Konsumwaren wie Öfen, Herde und Töpfe. Die Hütte umfaßte zunächst zwei mit Holzkohle betriebene Hochöfen und die heute noch erhaltene Gießhalle. Das Gebäude mit Rundbogenfenstern und Blendbögen an den Fassaden, wie auch die Zinnen des ehemaligen Hochofens, sollten Bedeutung und Leistungsfähigkeit der Hütte darstellen und knüpfte in der Architektursprache an die Vorbilder rheinischer Burgen an.

Zur bedeutendsten und leistungsfähigsten Hütte des Rheinlandes entwickelte sich aber die „Sayner Hütte". 17769/1770 unter dem kurtrierischen Kurfürsten Clemens Wenzeslaus am Saynbach gegründet, stieg ihr Einfluß ab 1815 nach der Übernahme durch den preußischen Staat. Neben den Hütten von Berlin und Gleiwitz wurde sie zur drittgrößten in Preußen und versorgte die Region mit Gebrauchseisen aller Art wie Armierungen, Leitungsrohren und Maschinen. Sie trug mit ihren Produkten sehr wesentlich zum Ausbau der preußischen Festungsbauten in Koblenz und Ehrenbreitstein bei. Künstlerisch bedeutend ist sie einmal wegen des dort hergestellten feingliedrigen Eisenkunstgusses nach heimischen und Berliner Vorlagen, worunter sich auch Modelle von Schinkel befanden. Zum anderen handelt es sich bei der Gießhalle um ein herausragendes Werk der Baukunst. Karl Ludwig Althans, der örtliche Hüttenverwalter und Aufseher über die rechtsrheinischen preußischen Berg- und Hüttenwerke, lieferte die Planung der einer Kirche nachgebildeten Gießhalle. Mit der in eigener Fabrikation gefertigten Eisenkonstruktion wurde sie zur Vorläuferin der modernen Vorfertigung und ging in die europäische Architekturgeschichte des 19. Jahrhunderts ein.

Lage:
Sayner Hütte, in Bendorf am Ostrand des Ortsteiles Sayn, liegt im Werksgelände der Fa. Heinrich Strüder KG, Besichtigung nach Absprache, Tel.02622/1220.
Concordia-Hütte, in Bendorf, zwischen den Ortsteilen Sayn und Mühlhofen. Erhalten ist die ehem. Gießhalle.

Rheinböller Hütte

EIN dichter Bereich, in dem noch heute Zeugnisse der frühen Eisenindustrie erlebt werden können, ist das enge Tal des Guldenbaches südlich des Ortes Rheinböllen. Die Erzvorkommen des Hunsrücks sowie Holz und Wasser als Energieträger begünstigten hier die Ansiedlung von Eisenhütten. Während die

62

Gräfenbacher Hütte sich nur noch in Rudimenten erhalten hat, sind die Bauanlagen der Rheinböller Hütte, so wie sie das 19. Jahrhundert hinterlassen hat, noch in bedeutenden Teilen zu sehen. Die Anfänge der Produktion gehen bis in das ausgehende 16. Jahrhundert zurück. 1660 erwarb Jean Mariot aus Lüttich die Hütte. Nach starken Zerstörungen der Betriebsanlagen durch französische Truppen im späten 18. Jahrhundert wurde Johann Engelbert Utsch, in der Literatur als der „Jäger aus Kurpfalz" bekannt, vom Kurfürsten von der Pfalz mit der Hütte belehnt.

Die große Bedeutung der Hütte als Hersteller von Gebrauchs- und Kunsteisen begann unter der Ägide der Familie Puricelli, die gegen Ende des 18. Jahrhunderts aus Italien eingewandert war und die Leitung übernahm. In kurzer Folge entstanden zwischen 1828 und 1840 drei neue Hochöfen, die mit Koks gefeuert wurden. Nachdem 1854 die Hütte mit einem neuen Pochwerk, 1860 mit einem Kupolofen ausgestattet worden war, entwickelte sie sich zu einem der leistungsfähigsten Werke des Hunsrücks. 1857 ließ die Familie Puricelli bei der Hütte eine Gruftkapelle sowie in den Jahren 1862–1864 und 1887–1888 am nordwestlichen Ortsrand von Rheinböllen die Baugruppe des Waisenhauses mit Kapelle errichten.

Zahlreiche Zeugnisse der Eisenproduktion aus der Rheinböller Hütte sind in der Umgebung zu sehen, wie die eisernen Brunnentröge in der Ortsmitte von Mörschbach, vor dem Pfarrhaus in Rheinböllen und vor dem Waisenhaus. Eine große Sammlung von Kunstguß und Holzmodeln befindet sich auf Burg Reichenstein, oberhalb von Trechtingshausen. Die Besichtigung von Burg und Sammlung ist täglich außer Montag möglich.

Lage.
BAB 61, Ausfahrt Rheinböllen, auf die L 50, Abbiegen in Richtung Stromberg.

Nieverner Hütte

WIE ein Schiff in der Lahn, so zeigen Vedouten des
19. Jahrhunderts die Eisenhütte von Nievern. Die
Rauchgase aus dem Hochofen scheinen die Idylle des
Flusses nicht zu stören. Die Fläche war durch Sand-
und Kiesanschwemmungen entstanden und später
durch Schlackenanschüttung vergrößert und mit dem
rechten Lahnufer verbunden worden. Auch die Anfänge der Nieverner Hütte gehen über 300 Jahre zurück: Der Trierer Kurfürst Caspar v. d. Leyen hatte im
Jahre 1671 die Einrichtung eines Eisenhammers und
einer Schneidemühle, also einer Sägerei, auf dem
„kleinen Wertgen" genehmigt. Zur urspünglichen Anlage gehörte ein Hochofen, in dem man die Erze aus
dem vorderen Westerwald verarbeitete. Ausschlagge-
bend für jenen Standort waren der einfache Transport
der Fertigwaren auf der Lahn und der Waldreichtum
des Landes, so daß man am Ort die notwendige Holzkohle herstellen konnte. Bekannt war die Hütte für
das besondere Schmelzverfahren der „Wallonschmie-
de", bei dem das „Ausheizen" und das „Frischen", also
das Entfernen von Beimengungen, in verschiedenen
Feuerstätten durchgeführt wurde. Nach dem Übergang der Hütte im Jahre 1817 an Mitglieder der Familie Grisar aus Antwerpen wurde die Hütte auf zwei

Hochöfen, einen Stabhammer, ein Pochwerk sowie ein Schneidewerk vergrößert.

Eine nochmalige Vergrößerung der Hütte erfolgte nach der Verbesserung der Transportwege zu Wasser und auf der Schiene, nachdem 1850 die Lahnschleusen und 1858 die Bahnstrecke von Bad Ems nach Lahnstein fertiggestellt worden waren. An Stelle des bisherigen Hochofens mit Holzkohlefeuerung wurde 1865 ein mit Koks gefeuerter Hochofen nach schottischem Vorbild errichtet. In 24 Öfen wurde hierzu im Bereich der Hütte Steinkohle zu Koks verarbeitet. Der 12 Meter hohe neue Hochofen entstand in Bruchsteinbauweise. Der Gichtturm, der obere Abschluß, erhielt später den heute noch sichtbaren Fachwerkaufsatz. Aus dieser Zeit um 1865 stammen auch der Schornstein in Ziegelbauweise und das Sandmagazin mit seiner sakralen Architektur.

Eine letzte Erweiterung erfuhr die Hütte im letzten Viertel des 19. Jahrhunderts durch neue Gießanlagen und Lagerhäuser, durch den Bau des Verwaltungshauses und der Direktorenvilla auf dem rechten Lahnufer sowie durch Wohnhäuser für Arbeiter zwischen Landstraße und Schleusenkanal.

Spezialität der Hütte war die Herstellung von feinen Gußwaren wie Töpfe und Herde. Berühmt waren die auf der Hütte produzierten Öfen mit reichem Außendekor.

Im Jahre 1932 stellte die Nieverner Hütte aus wirtschaftlichen Gründen ihre Produktion ein. Während einige Bauteile eine Verwendung durch Nachfolgebetriebe fanden, setzte seitdem ein stetiger Verfall ein. 1995–1997 wurden die Dächer instand gesetzt.

Heute haben sich noch aus der Baustufe von 1865 Hochofen, Schornstein und Sandmagazin, sowie aus dem späten 19. Jahrhundert, Verwaltungsbau und an der L 260 die Direktorenvilla erhalten.

Sehenswert ist die Sammlung von Gußwaren der Hütte im Heimatarchiv der Gebrüder Birkelbach. Besichtigung samstags n. Absprache bei Werner Birkelbach, Waldstr. 5, 56132 Nievern, Tel. 02603/13317.

Lage:
Von Lahnstein auf der L260 kommend kurz vor dem Ort Nievern auf die Insel abbiegen. Die Hüttengebäude sind von außen zu besichtigen.

Steinabbau und -verarbeitung

Schiefer

Im regionalen Wirtschaftsleben am Mittelrhein spielte seit dem Mittelalter der Abbau von Schiefer eine bedeutende Rolle. Nach Quellenlage und örtlichen Funden ist davon auszugehen, daß beiderseits des Rheins seit dem Mittelalter Dachschiefer in großem Umfang abgebaut wurde.

- im Hunsrück bei Rhaunen, Bundenbach und Gemünden,
- am Rhein bei Oberwesel, Bacharach und Kaub,
- an der Mosel bei Wintrich und Zell sowie
- in der Südosteifel bei Müllenbach, Laubach und Mayen.

Städte und Dörfer am Mittelrhein wurden in wirtschaftlicher und sozialer Hinsicht durch den Abbau von Dachschiefer geprägt.

Der Abbau von Schiefer wurde zunächst in offenen Gruben, teilweise im Nebenerwerb, vorgenommen. Hierbei wurde der Schiefer terrassenförmig in Form großer Blöcke gebrochen. Diese wurden mit Seilwinden und Göpel noch oben gezogen. Der Abbau selbst geschah bis zum Zweiten Weltkrieg mit Pickel, Handsäge, Keilen und Hammer. Erst in jüngster Zeit kam der Einsatz von großen Sägen und Preßluftwerkzeugen auf.

Seit dem 19. Jahrhundert wird der Schiefer in den rheinischen Gruben mittels unterirdischer Schächte und waagerecht vorgetriebener Stollen vorgenommen.

In Spalthäusern werden die Schieferblöcke in handliche Formate zersägt und mit Keilen zerkleinert. Danach erfolgt das feine Aufspalten mit Messern.

Bis in das 19. Jahrhundert hinein wurden Schieferplatten ausschließlich zum Eindecken der Dächer von Kirchen und Kapellen und großen Profanbauten verwandt. Dies geschah in Form der „altdeutschen Deckung", d. h. einer Anordnung der Platten von rechts nach links in einem Winkel von etwa 30 Grad. In klimatisch rauheren Gegenden wie im Hunsrück, Westerwald und Siegerland wurden auch ganze Fassaden verschiefert, z. T. mit künstlerisch gestalteten Ornamenten und Figuren.

Beispiele für Schiefereindeckung:
Ediger, Pfarrkirche
Kalt, Kapelle Heidgermühle
Koblenz, Liebfrauenkirche
Mayen, Clemenskirche
Marienstatt, Abteikirche
Montabaur, St. Peter in Ketten
Bruttig, Rathaus
Burg Eltz
Pommern, Pfarrhaus
Montabaur, Schloß
Hachenburg, Schloß,
Cochem, Rathaus
Montabaur, Häuser am Marktplatz und in der Hauptstraße
Mudersbach, Häuser in der Hauptstraße

Schieferabbau bei Mayen

UNTER den Schiefervorkommen des Rheinischen Schiefergebirges sind diejenigen von Mayen die bedeutendsten. Schon die Römer nutzten im 2. Jahrhundert n. Chr. den gut spaltbaren und harten Mayener Schieferstein. Von einem Schiefergewerbe in Mayen im eigentlichen Sinn kann man seit dem Mittelalter sprechen. Doch ist der Abbau von Dachschiefer in Mayen tatsächlich erst 1408 urkundlich zu belegen, als Erzbischof Werner v. Falkenstein dem Schöffen Syfried Posser einen Acker verpachtete, um eine „Leyengrube" anzulegen.

Tagesanlagen und große Abraumhalden sind an nachfolgenden Gruben zu sehen: Mosella: Östlich Mayen beim Ortsteil Hausen, Margaretha: Östlich Mayen zwischen Trimbs und der Autobahn, Katzenberg: Südöstl. Mayen an der Umgehungsstraße, Besichtigung n. Absprache mit Fa. Rathschek (Tel. 02651/955-0) Geschichte, Abbau und Verarbeitung des Dachschiefers werden im Eifeler Landschafts- museum in der Genovevaburg in Mayen. (Vergl. Heft 10, Museen") dargestellt

Im Umfeld von Mayen haben sich eine Reihe von Schiefergruben entwickelt, wie „Mosella" bei Hausen, „Katzenberg", „Margaretha" bei Trimbs und „Bausberg" bei Kehrig, deren ursprüngliche Bedeutung noch durch große Halden nachzuvollziehen ist.

Die bekannteste wurde die Grube Katzenberg, bei der 1870 als Ersatz für den bis dahin betriebenen Tagebau ein Schacht abgeteuft wurde. Heute erreicht er mit seiner sechsten Sohle die Tiefe von 180 Metern.

Die Fertigstellung der Eisenbahn von Andernach nach Mayen im Jahre 1880 machte einen zügigen Transport des Dachschiefers der Mayener Gruben an den Rhein möglich und bewirkte, zusammen mit dem Einsatz von Dampfmaschinen, eine erhebliche Steigerung der Produktion .

Bis in die heutige Zeit ist Mayen der Mittelpunkt der westdeutschen Schieferindustrie, neuerdings auch bedeutendes Zentrum des Importes und der Weiterverarbeitung von spanischem Schiefer.

Im Jahre 1925 wurde in der Stadt die Fachschule des deutschen Dachdeckerhandwerks gegründet, die sich heute „Bundesbildungszentrum des Dachdeckerhandwerks Mayen" nennt.

Schieferabbau bei Kaub

1355 wird die Verpfändung des Dachschiefer-Zehnten der Gruben bei Kaub an Burggraf Kuno von Greifenberg urkundlich genannt. Dies belegt, daß bereits im Mittelalter Kauber Schiefer als Baumaterial und als Dachplatten verwandt wurde.

Während im 17. Jahrhundert noch in der Grube am Herrenberg ein offener Abbau erfolgte, wurde gleichzeitig die Abbautechnik in Kleingruben mit schrägem Stollenvortrieb üblich. Über schräge Treppenschächte wurde das gebrochene Material zu Tage getragen. Im 18. Jahrhundert war der Abbau von Schiefer neben dem Weinbau und der Schiffahrt die wichtigste Einnahmequelle der Kauber Bürger und brachte Wohlstand in den Ort. Die Umgestaltung der Kirche und der Bau zahlreicher großer Bürgerhäuser geben vom Reichtum des Ortes Zeugnis.

Am Beginn des 19. Jahrhunderts wurden im Umfeld von Kaub über 100 kleine Gruben betrieben. Im Zuge der Wirtschaftpolitik des neuen Herzogtums Nassau versuchte die Bergmeisterei in Diez, die kleinen Gruben zu größeren wirtschaftlich starken Einheiten zusammenzufassen. In diesem Zusammenhang wurde die Gewerkschaft „Wilhelm-Erb-Stollen" aus 14 verschiedenen Gruben zusammengefaßt und ab 1837 der Bau des neuen Stollens durch den Obersteiger Heberlein aus Runkel begonnen.

Nach wiederholtem Besitzerwechsel stand ab 1858 die Gewerkschaft „Wilhelm-Erb-Stollen" im alleinigen Eigentum des nassauischen Staates, kam jedoch 1870 in den Besitz der Familie Puricelli in Rheinböllen, die auch die Rheinböller Hütte besaß. Es erfolgte ein großzügiger Ausbau der Anlage mit der 1905 fertiggestellten Schachtanlage der Grube „Ernestine". Von 1919 bis 1929 kamen weitere Schieferfelder hinzu.

1942 wurde das große Mahlwerk zur Weiterverarbeitung der Schieferabfälle errichtet und damit das bestehende kleinere Mahlwerk ersetzt. Das hierdurch gewonnene Schiefermehl wurde auf vielfältige Weise genutzt: Für die chemische Industrie, zur Produktion von Graphit und auch als Zuschlagstoff für die Herstellung von Traßzement. Das hochhausartige Bauwerk wurde zur besseren Einpassung in die Landschaft mit Bruchstein verkleidet.

Nach einem temporären Aufschwung des Schieferabbaus nach dem Kriege wurde im Zuge der Verbreitung von Ersatzmaterialien aus Gründen mangelnder Rentabilität im Jahre 1972 Förderung und Verarbeitung von Schiefer in Kaub eingestellt.

Trotz Abbrüchen haben sich noch bedeutende Teile des Ensembles erhalten: Das Stollen- und Zechenhaus

Pläne zur Restaurierung und Umnutzung der Anlage kamen bisher nicht zur Ausführung.

mit Waschräumen, Schmiede und Werkstatt umschließt das Stollenmundloch. Zu sehen sind weiterhin das Spalthaus, der mittelalterliche „Dicke Turm", 1485–1487 als südlicher Endpunkt der Stadterweiterung errichtet und durch Einbau einer Aufzugsanlage zum Transportieren des fertigen Schiefermaterials auf Rheinniveau in den Produktionsablauf integriert, sowie das alte und das neue Mahlwerk.

Schieferabbau im Kaulenbachtal

Das Kaulenbachtal, ein Seitental der Mosel, war bis 1875 ein bedeutendes Zentrum der Schiefergewinnung im linksrheinischen Raum. Die Dörfer Laubach, Müllenbach und Leienkaul verdanken ihre Entstehung dem seit der Mitte des 19. Jahrhunderts schnell gestiegenen Bedarf an Schiefer. Eine ähnlich rapide Entwicklung der Schieferindustrie ist nur am Mittelrhein bei Kaub und Bacharach zu beobachten.

Erste urkundliche Erwähnungen des Schieferabbaus bei Müllenbach und Laubach liegen aus den Jahren 1695 und 1720 vor. Dabei wurde der Schiefer zunächst ohne Stollenvortrieb als landwirtschaftlicher Nebenerwerb in Kleingruben abgebaut, später mit kurzen, in den Berghang gebrachten Stollen.

Im frühen 19. Jahrhundert stieg der Schieferabbau bei Laubach und Müllenbach stark an. 1825 gab es bereits 25 Gruben mit 50 hauptberuflichen Brechern. Weitere 16 Gruben wurden von 50 Personen im Nebenerwerb betrieben. Die hohe Qualität des Schiefers

Reste der Tagesanlagen der Grube „Colonia"

Alte Fahrstraße ins Kaulenbachtal

Die museale und didaktische Präsentation der erhaltenen Reste im Rahmen eines Tourismus-Projektes wird vorbereitet. Im Kaulenbachtal ist ein Lehrpfad eingerichtet. Im Ort Müllenbach ist in der alten Schule ein Museum zur Geschichte des Schieferabbaus im Kaulenbachtal zu sehen. (Vergl. Heft 10, „Museen")

Lage:
BAB 48 in Richtung Trier, Ausfahrt Laubach, vor dem Ort in Richtung Cochem abbiegen, nach etwa 2 Kilometern nach rechts in Richtung Leienkaul. Durch den Ort fahren. Das Kaulenbachtal am Südende des Ortes (ausgeschildert „Reiterhof").

und die gute Transportmöglichkeit durch das Kaulenbachtal zur Mosel waren die ausschlaggebenden Gründe für den wachsenden Absatz des Schiefers in der Kölner Region, am Niederrhein und in Holland.

Nachdem im Jahre 1843 ein Brand wesentliche Teile des Ortes Müllenbach zerstört und damit erhebliche wirtschaftliche Probleme gebracht hatte, wurden ab 1853 die zahlreichen Kleingruben zur Grube Colonia am Westhang des Tales vereinigt und diese für 30 Jahre an eine Kölner Firma vergeben. Zum Abtransport des Schiefers wurde dort ein neuer Stollen waagerecht in den Berg vorgetrieben. Der Schiefer wurde über Treppenschächte und mit Förderwagen unterirdisch zum Spalthaus transportiert.

Auf der Ostseite des Tales entstand 1895 durch Zusammenschluß von drei Kleingruben das „Müllenborner Dachschieferwerk".

Als letzte Grube kam 1898 durch Zusammenschluß weiterer Kleinbetriebe die „Vereinigten Schiefergruben Maria-Schacht GmbH" mit einem neu abgeteuften, 100 Meter tiefen Schacht hinzu. Ihre große Abraumhalde ist noch heute das weithin sichtbare, landschaftsprägende Element. Im Jahre 1900 hatten diese drei Großbetriebe insgesamt 270 Mitarbeiter und damit eine große wirtschaftliche Bedeutung, die auch aus der guten Transportmöglichkeit über die Moselbahn herrührte.

Nachdem zunächst in den Jahren 1950–1955 durch starke Nachfrage der Abbau noch gesteigert werden konnte, erfolgte danach durch die Verbreitung von Ersatzmaterialien zur Dacheindeckung ein jäher Verfall, der schließlich im Jahre 1959 zur Schließung aller Gruben führte.

Heute hat sich im Kaulenbachtal eine Kulturlandschaft aus vielfältigen Bergbaurelikten, Stollenmundlöchern, Resten der Grubengebäude, Verkehrsstrukturen und Halden erhalten, die Zeugnis vom Schieferabbau vom späten 17. bis ins 20. Jahrhundert als einem der wichtigsten Wirtschaftszweige an der Mosel ablegen.

Basalt

Basaltabbau bei Linz

In der Erdzeit des Oligozän (vor ca. 7 Millionen Jahren v. Chr.) begann im Westerwald eine lang andauernde Periode heftiger vulkanischer Aktivitäten. Aufgeschmolzene Gesteine aus ca. 150 Kilometer Tiefe ergossen sich in Form mächtiger Lavadecken über die Landschaft des Westerwaldes bis an den Rand des Rheingrabens. An den Kreuzungspunkten älteren Deckgesteins traten jüngere Eruptionen des tertiären Vulkanismus auf, die heute noch beherrschend in der Landschaft stehen wie das Siebengebirge und die Erpeler Ley.

Ein Abbau des Basalts kam im Raume Linz im Gegensatz zu Mayen in größerem Umfang erst seit dem Mittelalter in Gang.

Das gebrochene Material konnte auf dem Rhein flußabwärts gebracht werden und wurde in zahlreichen kurkölnischen Städten zum charakteristischen Baumaterial für Stadt- und Ufermauern, meistens aus

konstruktiven Gründen, im Wechsel mit Tuff. Die Mauern von Unkel, Erpel, Linz und Mayen sollen hier stellvertretend genannt werden.

Im 19. Jahrhundert bekam die Basaltindustrie zwischen Rhein und Westerwald großen Auftrieb. Denn für die neu herzustellenden massiven Böschungsmauern im Zuge der Rheinregulierung sowie für den Küstenschutz im steinarmen Holland, wurden große Steinblöcke als Baumaterial benötigt. So machte beispielsweise der Transport von Basaltmaterial im Jahre 1890 mit 500 000 Tonnen auf dem Rhein 12% des Güterverkehrs nach Norden aus. Linz wurde für den Westerwälder Basalt zum zentralen Verladeplatz. Im Jahre 1888 wurde in Köln die „Basalt-Actien-Gesellschaft" gegründet. Diese deutsch-holländische Kapitalgesellschaft verlegte 1892 ihren Sitz nach Linz und entwickelte sich zum größten Steinkonzern Europas.

Aufgelassene Basaltsteinbrüche zwischen Linz und Neustadt/Wied Erpeler Ley: Basaltabbau seit römischer Zeit, am rheinseitigen Hang neuzeitliche Brüche und Bruchterrassen, Schwarzer See bei Dattenberg, 1817 vom Linzer Gastwirt Ankenbrandt eröffnet, Hummelsberg östl. Hargarten, Hinterplag b. Asbach, Nothscheid nördl. v. St. Katharinen, Mahlberg b. Hausen

Basaltabbau bei Enspel/Westerwald

Dɪᴇ vulkanischen Bewegungen des Oligozäns hatten im Westerwald eine großflächige Basaltdecke entstehen lassen, die sich etwa um den Mittelpunkt We-

73

sterburg in nordwestlicher bis südwestlicher Richtung erstreckt. Hohe Basaltkuppen prägen noch heute die Landschaft, der Druidenstein bei Herkesdorf (Krs. Altenkirchen) wurde zur weithin bestimmenden Landmarke.

Auch für Basaltmaterial minderer Qualität, den „Kleinschlag", hatte sich seit der Mitte des 19. Jahrhunderts durch den Bedarf an Schotter zum Bau von Eisenbahnen und Landstraßen hohe Nachfrage ergeben. Hierzu bot sich das Aufschließen der großen Basaltlagerstätten bei Stockum, Nistertal und Enspel an, eine Aufgabe, deren sich die 1888 gegründete „Basalt Actien Gesellschaft" annahm. Sie kaufte die bisherigen 16 Steinbrüche auf und vereinigte sie zu einem großen Abbaugebiet.

Im Jahre 1902 übernahm die Firma Adrian den Bruch in der Gemarkung Enspel und baute in den folgenden Jahren die Betriebsanlagen erheblich aus. 1903 wurden die neuen Verladeanlagen der Firma mit eigenem Gleisanschluß an die Bahnstrecke von Limburg über Hadamar, Westerburg, Hachenburg nach Au an der Sieg in Betrieb genommen. 1906 waren Kesselhaus, Maschinenhaus und sechs neu errichtete Brecheranlagen fertiggestellt.

Die Anlage eines Freizeitparkes, der die bedeutenden Zeugnisse der Grabungen im Öl-schiefer-Bereich unter dem Basaltgestein und die Steinbrecher-Anlagen umfassen soll, wird vorbereitet. (Vergl. Heft 10, „Museen", Basaltpark Bad Marienberg)

Nach 1918 wurde nach kriegsbedingter Unterbrechung der Abbau und die Verarbeitung von Basaltmaterial in stärkerem Maße wieder betrieben, insbesondere durch den Export nach Holland. 1922 wurden die betriebstechnischen Anlagen von Dampfbetrieb auf elektrische Energie umgestellt und drei BBC-Motoren, von jeweils 125 PS gekauft. Sie waren bis 1963 in Betrieb.

1927 erreichte der Versand von Steinmaterial mit 333.000 t einen Höchststand. Für die Produktionserweiterung wurden die Brecheranlagen III und IV und selbstentladende Silos mit einem Fassungsvermögen von 15.000 bis 20.000 t errichtet.

Nach 1935 erfolgte eine weitere Steigerung der Produktion, weil Basalt-Edelsplitt in großen Mengen für die Betonbefestigung des Westwalls benötigt wurde. Das neue Verwaltungsgebäude mit Festraum wurde errichtet. Nach kriegsbedingter Unterbrechung wurden 1950 die Steinbrecher-Anlagen wieder in Betrieb genommen und arbeiten bis heute.

Erhalten haben sich die Betriebsanlagen mit vier Brecherwerken und ihre technische Ausstattung im Zustand des frühen 20. Jahrhunderts, die Betriebsschmiede sowie die weitläufigen Freianlagen mit Rampen und Gleisanschlüssen. Das Bürogebäude hat noch den zentralen Festsaal mit Glasgemälden von 1935. Alle Bauteile stellen insgesamt ein technikgeschichtliches Ensemble dar, das vielleicht noch als einziges im Westerwald Zeugnis vom Abbau von Basalt und seiner Verarbeitung zu Schotter von 1906 bis heute gibt.

Lage:
Von der BAB 3, Ausfahrt Montabaur, über die L 255 nach Langenhahn, Richtung Hachenburg, Ausfahrt Stockum, von dort nach Enspel, am Ende des Ortes rechts abbiegen zum Gelände der Firma Adrian.

Basaltabbau in Mendig und Mayen

Das römische Mayen leitete seine Bedeutung aus der Nutzung der Basaltvorkommen her. Im Mayener Grubenfeld läßt sich der Abbau von Mühlsteinen durch die Römer nachweisen. Im Stadtbereich wurden eine Reihe von Werkstätten zur Bearbeitung von Mühlsteinen gefunden. Für die Gruben von Mendig ist eine römische Nutzung nicht bekannt.

Noch bis in das Mittelalter wurde Basalt sowohl in Mendig wie in Mayen ausschließlich in flachen Gru-

Zum röm.Basaltabbau in Mayen vergl. Bd. 2 "Vor- und Frühgeschichte Römerzeit)

ben gebrochen, die schräg gegen den Berg vorgetrieben wurden. Wann der unterirdische Abbau begann, ist ungeklärt. Man begann mit vertieften Gruben oder einem Abbau in Schluchten. Vom 16. Jahrhundert an entwickelte sich die Methode, Steine in unterirdischen Kammern zu brechen. Um die oberste Steinschicht wie ein Gewölbe beizubehalten, mußten große Steinpfeiler stehen bleiben. Der Aufzug der gebrochenen Steine erfolgte mit Holzwinden und Auslegerarmen durch gemauerte Schächte. Zunächst waren diese Arme starr, später schwenkbar.

Nachdem im Jahre 1903 der Mayener Grubenbesitzer Helmes den ersten elektrisch betriebenen Kran am Rande des Grubenfeldes aufgestellt hatte, begann ein weiterer Technisierungsprozeß im Steinabbau mit weiträumigen, offenen Gruben. Die bisher betriebenen hölzernen Winden wurden hierdurch unwirtschaftlich und allmählich durch diese neue Technik ersetzt. Parallel hierzu setzte zur schnelleren Ausbeute ein Prozeß des Abbaus im Tagebau ein, bei dem zahlreiche unterirdische Kammern angeschnitten wurden oder einfielen.

Wirtschaftlich gesehen waren Mendig und Mayen seit dem Mittelalter Zentren der Basaltindustrie. Abbau und Verarbeitung von Basaltlava und die entsprechenden Handelsbeziehungen stellten die

Niedermendig, Basaltkammern nach einem Stich des 18. Jahrhunderts.

Hauptgrundlage der örtlichen Wirtschaft dar. Als „Mendiger Steine" wurde das harte Material vertrieben und wegen seiner Härte zu Reib- und Mühlsteinen verarbeitet.

Unter dem Nordrand von Niedermendig liegt ein Labyrinth unterirdischer Basaltkammern, die sich über mehrere Kilometer erstrecken. Die flächenmäßig größten sind die Keller unter der späteren Vulkanbrauerei. Ab 1840 wurden die 30 Meter unter der Erde liegenden Kammern wegen ihres gleichmäßigen Klimas, insbesondere wegen der Verdunstungskälte, als Bierkeller genutzt. Hier reiften die Lagerbiere von 30 selbständigen Brauereien.

Lage:
Mendig:
Basaltkammer an der Vulkanbrauerei: BAB 61, Ausfahrt Mendig, links ab Richtung Niedermendig. Nach der „Vulkanbrauerei" links abbiegen in die Brauerstraße, nach etwa 50 Metern links das Haus der „Deutschen Vulkanologischen Gesellschaft" mit Museum und Besichtigungsmöglichkeit der Basaltkammern. Mayener Grubenfeld: Am nordöstlichen Ortsausgang, ausgeschildert.

Traß und Tuff

Traßabbau im Brohltal

Schon die Römer schätzten die Qualität des weichen, gut zu bearbeitenden Brohltal-Trasses. Zahlreiche römische Inschriften, die man an Felswänden des Brohltales, in Burgbrohl und in Tönnisstein fand, belegen dies.

Neben der Beliebtheit des Trasses als weichem Werkstein trat schon bald seine hydraulische Fähigkeit. Denn in gemahlener Form kann er als Bindemittel unter Wasser erhärten. Dies erkannten zuerst die Holländer und verwandten ihn seit dem 16. Jahrhundert zum Bau von Deichen und Hafenanlagen. Bis zur Erfindung des Portlandzementes in England im Jahre 1824 gab es für ihn keinen Ersatz.

Der Abbau des Trasses erfolgte seit der Römerzeit in offenen Brüchen sowie in Höhlen und gangartig vorgetriebenen Stollen. Doch läßt sich erstmals urkundlich die Traßgrube der Freiherren von Geyr, denen seit 1716 die Schweppenburg gehört, belegen. Von besonderer wirtschaftlicher Bedeutung war die Traßmühle, die der Holländer Bernt von Santen, ein Bürger der Stadt Wesel, 1683 in Brohl erbauen ließ. Bis in das frühe 20. Jahrhundert hinein arbeiteten zahlreiche Traßmühlen im Brohltal zwischen Burgbrohl und Tönnisstein sowie in den Seitentälern. Die letzte, noch in Funktion befindliche Traßmühle ist die Mosenmühle neben der Schweppenburg.

Im Brohltal im Bereich um die Gaststätte „Jägerheim" haben sich im anstehenden Gestein zahlreiche Traßhöhlen erhalten. Eine der größten ist die Traß-Bleichhöhle in der Nähe der Schweppenburg. Hier wurde der gemahlene Traß getrocknet und gelagert.

Lage:
Von der B 9 in Brohl in die B 412 einbiegen. Schweppenburg und Mosenmühle zwischen Brohl und Burgbrohl, die Gaststätte „Jägerheim" beim großen Viadukt der Brohltalbahn über die B 412.

Tuffbrüche von Weibern

Das als „rheinischer Tuff" bekannte Material entstammt dem Bereich um den Laacher See und entstand vor 1,5 Millionen Jahren im Quartär, der jüngsten geologischen Erdformation. Mineralogisch gesehen entstand Tuff durch Verfestigung von vulkanischem Lockermaterial, das grobkörnige Teile einschließt. Man unterscheidet nach Typen und Abbaubereichen Ettringer, Weiberner und Riederner Tuff sowie Römertuff aus dem Nette- und Brohltal.

Wie in den Bereichen von Ettringen und Rieden, werden auch in Weibern die Tuffvorkommen in oberirdischen Brüchen abgebaut. Dies läßt sich schon in rö-

mischer Zeit nachweisen. Der Abbau des Tuffs wird in großen Blöcken vorgenommen. Sie werden durch Aushauen sogenannter „Schrotgräben" auf allen Seiten isoliert und an der Auflagerfläche vom anstehenden Gestein abgekeilt. Die Feinkörnigkeit des Materials brachte es mit sich, daß Werksteine aus Weibern seit dem Mittelalter an zahlreichen Kirchen im Rheinland bis hin in die Niederlande verbaut wurden. Als einer der frühesten mittelalterlichen Sakralbauten der Region, bei dem Tuff verarbeitet wurde, kann die 1093 gegründete Abteikirche von Maria Laach angesehen werden. Die Bildhauerarbeiten des „Samson-Meisters" (Schöpfer der im Kloster aufbewahrten, um 1220 entstandenen Samsonfigur) am Paradies der Kirche gehören zu den schönsten mittelalterlichen Bildwerken.

In schneller Folge entstanden im 12. Jahrhundert zahlreiche romanische Sakralbauten am Mittelrhein mit einer Verblendung der Fassaden aus Tuff. Werksteine aus Weiberner Tuff lassen sich ebenso an der Liebfrauenkirche in Andernach, den Kirchen St. Kastor und St. Florin in Koblenz wie auch an den großen romanischen Kirchen in Köln und dem Bonner Münster nachweisen.

Für die Orte Weibern, Rieden, Bell und Niederzissen war der Abbau von Tuff ein erheblicher Wirtschaftsfaktor. Ihre Häuser und Hofanlagen entstanden seit dem späten 18. Jahrhundert fast ausschließlich aus heimischem Tuffmaterial. Zu großer Bekanntheit gelangten die „Backofenbauer von Bell", die als Bautrupps bis in die 50er Jahre dieses Jahrhunderts durch das Rheinland zogen. Um 1900 gab es in Weibern und Rieden 1000 Steinmetze. Zum zügigen Transport von Tuffstein wurde im Jahre 1902 die Brohltalbahn fertiggestellt und damit die bisherigen Transporte mit Pferdefuhrwerken überflüssig gemacht.

Lage:
Über die BAB 61, *Abfahrt Wehr, dann* L 412. *Die Brüche von Weibern am östlichen Ortsausgang.*

Tonverarbeitung

Ziegelringofen in Rheinbreitbach

NACH der Mitte des 19. Jahrhunderts entstanden am Mittelrhein zahlreiche große Ziegelwerke, um den Bedarf an schnell gefertigten und damit billigen Baumaterialien zu decken. Veröffentlichungen in Fachzeitschriften und staatliche Propaganda empfahlen den Ziegel als Baumaterial, weil er gegenüber dem wertvollen und aufwendig zu bearbeitenden Naturstein kostengünstig, maßhaltig und in großen Mengen zu produzieren war. Für einfache Industriebauten und Wohngebäude kamen auch im Rheinland seit der Mitte des 19. Jahrhunderts Feldbrandsteine in Mode, für repräsentative Profan- und Sakralbauten wurde seit der Reichgründung 1871 immer stärker roter und gelber Klinker als Verblendstein für Fassaden eingesetzt.

Derartige Ziegeleien wurden in Koblenz, Brey, Linz, Kripp und in Rheinbreitbach errichtet.

Die Ziegelwerke von Rheinbreitbach wurden um 1892 durch die Firma Joseph Kickel Söhne, die auch im benachbarten Bad Honnef einen Betrieb unterhielten, eingerichtet. Der Brennofen mit ovalem Grundriß entstand nach dem Schema der Hoffmann-Licht´schen Ringöfen. Friedrich Hoffmann hatte das Bauprinzip der kreisrunden Ringöfen entwickelt und 1858 in Preußen, der Wiener Stadtbaurat Licht dasselbe 1859 in Österreich, zum Patent angemeldet. Hierbei steht der Schornstein in der Mitte und ist von radialen Brennkammern sowie einem ringartigen Beschickungskanal umgeben. Gegen Ende des 19. Jahrhunderts waren ovale Ringöfen bei gleichem Bauprinzip aufgekommen. Diesem Schema folgt der Ofen von Rheinbreitbach. Der Ofen hat noch den originalen Überbau aus Fachwerk mit weit abgeschlepptem Dach.

Alle oben genannten Ziegeleien wurden nach dem Zweiten Weltkrieg abgebrochen. Die Ziegelei von Rheinbreitbach ist mit der erhaltenen Ziegelei Roßbach in Mainz die einzige und letzte in Rheinland-Pfalz. Ihr kommt somit ein besonderer Zeugniswert für eine sonst nicht mehr nachzuvollziehende Bautechnik und Materialkunde sowie die frühe industrielle Großfertigung von Ziegeln zu.

Ziegelbauten am Mittelrhein in Auswahl
Sakralbauten:

Linz, ev.Kirche, 1864–1865,
Rheinböllen, Kath.Pfarrkirche St. Erasmus, 1870–1871, von Kreisbaumeister Sasse,
Sinzig-Bad Bodendorf, 1873 von Kreisbaumeister Hermann Cuno,
Remagen, ev. Kirche, letztes Viertel 19. Jahrhundert,
Vallendar, ev. Kirche, 1884–85 von Friedrich Lang, Wiesbaden,
Dattenberg, kath. Pfarrkirche, 1890–1892 von Rüdell und Odenthal,
Grafschaft-Holzweiler, 1898 von Lambert v. Fisenne,
Niederspay, kath. Pfarrkirche, 1898–1900 von Rüdell und Odenthal, Köln,
Oberwesel, ev. Kirche, 1899 von August Heins, Boppard,
Koblenz, Krankenhaus der Trierer Barmherzigen Brüder, 1899–1900,
Weitersburg, kath. Pfarrkirche, 1902–1904,
Hausen, bei Waldbreitbach, St. Josephshaus, 1902 Erweiterung in Ziegelbauweise,
Marienhauses der Franziskanerinnen 1884–1887, von Clemens Pickel.

Profanbauten:

Rheinböllen, Rathaus, 1873,
Koblenz-Ehrenbreitstein, ehem. Militärlazarett (Teichert), 1878 von Martin Gropius und Heinrich Schmieden, Berlin,
St. Goar, Rathaus, 1880 von Bauinspektor Delius, Koblenz,
Andernach, Rote Schule, 1899,
Bad Ems, Kraftwerk ,1903 von A. Herrmann, Mönchengladbach.

Brennofen Peltner in Höhr-Grenzhausen

DIE Herstellung von Tonwaren wird im „Kannenbäckerland", dem Raum um Montabaur, seit dem 13. Jahrhundert gepflegt und damit eine Tradition fortge-

führt, die links des Rheins bereits römische Vorläufer hatte. So hatte man in Mayen bereits Anfang dieses Jahrhunderts zwölf römische Brennöfen entdeckt und 1984 beim Bau des Parkhauses an der Burg ein weiteres Keramikzentrum.

Töpfer aus dem belgischen Raeren und aus Frechen bei Köln brachten im 16. Jahrhundert die Anregungen zur Herstellung des grauen Steinzeugs mit Kobaltbemalung ins Kannenbäckerland. Denn dort boten sich große Tonvorkommen als nutzbare Ressourcen an. Im 17. Jahrhundert war die Bedeutung der Tonwarenindustrie aus dem Kannenbäckerland so gestiegen, daß ein spezielles Exportsystem den Verkauf der Produkte sicherstellte. Für das Jahr 1771 ist die Zahl von 600 Betrieben im Kannenbeckerland bekannt, in denen die charakteristische Keramik mit kobaltblauer Dekoration auf grauem Grund gefertigt wurde. Bis in das 19. Jahrhundert hinein lag der Schwerpunkt auf der Herstellung von künstlerisch gestaltetem Steinzeug wie Kannen, Humpen und Madonnen. Danach ging man mehr zur Fertigung von Gebrauchsgeschirr für Milchwirtschaft und Vorratshaltung über.

Noch bis vor wenigen Jahren wurde in einem Ofentypus produziert, den wahrscheinlich die Töpfer aus Raeren mitgebracht hatten, nämlich dem „Kammerofen", einem tunnelartigen Ofen mit konischem Zuschnitt. Er war im Lichten bis zu 10 m lang und 2,5 m hoch. Der Tunnel wurde in Bruch- oder Ziegelstein erbaut, der Brennraum mit magerem Ton ausgeschmiert. Dicht gedrängt wurden Töpfe und Kannen im Inneren gestapelt. Aus dem Brennraum konnten die Flammen mittels der durchbrochenen Sohle in die darüberliegende Brennkammer eindringen. Nach dem 2–3 Tage andauernden Brennen wurde durch Öffnungen in der Decke Salz eingestreut, um die Salzglasur zu erzielen.

Der Bestand an historischen Öfen ging in den letzten Jahren erheblich zurück. Bei einer Bestandsaufnahme im November 1976 waren nur noch 9 Öfen vorhanden.

Dem beschriebenen Typus folgt auch der Brennofen der Töpferei Peltner in Höhr-Grenzhausen, der wohl aus dem 19. Jahrhundert stammt. Vier seitlich angeordnete Züge erschließen die untere Brennkammer. 1936 wurde das Schutzhaus in Fachwerk neu errichtet, 1937 der Ofen renoviert und im Lichten erhöht. Die Firma produziert jedoch nicht die traditionelle blau-graue Keramik, sondern solche in der Art von Bunzlau in Schlesien, der Heimat von Georg und Steffi Peltner. Neben dem Ofen kann der Besucher ein kleines Museum mit Keramiken besuchen.

Dem Ofen der Firma Peltner sehr vergleichbar und ähnlich gut erhalten sind der Brennofen der Eulerei Höfer III, ebenfalls in Höhr-Grenzhausen, Töpferstr. 19, und der Brennofen des „Eulerhofes Zöller, Ransbach-Baumbach" (Vergl. Heft 10, „Museen").

Lage:
Höhr-Grenzhausen, Kleine Emser Str. 4. BAB 48, Ausfahrt Höhr-Grenzhausen, Zufahrt in den Ortsteil Höhr, Fa. Peltner in Ortsmitte links abbiegen in die Kl. Emser Straße. Besichtigung möglich, in Gruppen nach Voranmeldung unter 02624/7251. Eulerei Höfer III in Ortsmitte rechts abbiegen in die Töpferstraße. „Eulerhofes Zöller", Ransbach-Baumbach, Ortsteil Ransbach, Töpferstr.1.

Weinbau

Weinberge in Steillage am Mittelrhein

DER Anbau von Wein prägt seit Jahrhunderten das Erscheinungsbild des Mittelrheins, der Mosel und der Ahr. Weinhandel bildete in hohem Maße die Grundlage für Leben und Reichtum der Bevölkerung und drückte sich in Wirts- und Kelterhäusern aus. Zunächst nutzte man die weitläufigen Flußniederungen und sanften Talhänge zum Weinanbau.

Im Mittelalter wurden die Berghänge terrassenartig zum Anbau von Wein ausgebaut. Die genaue Quellenlage konnte bisher erst für den Weinbau an der Ahr ausgewertet werden. Fragt man nach der Ursache für die Entstehung derartiger Weinbauterrassen, so muß man von einem starken Anwachsen und einer Urbanisierung der Bevölkerung und der damit verbundenen Suche nach neuen Erwerbsquellen ausgehen. Auch Klimaveränderungen und die Notwendigkeit, die Sonneneinstrahlung besser nutzen zu können, mögen hinzugekommen sein.

Das Herstellen derartiger Terrassen setzte die Kenntnis des Fundamentierens auf Felsen und der Konstruktion von Trockenmauern voraus, Fähigkeiten, die für den Bau mittelalterlicher Höhenburgen Voraussetzung waren. Naturraum, Burganlage und Terrassen gingen hierbei teilweise eine enge Symbiose ein. Man geht auch sicher nicht fehl in der Annahme, daß der Bau großräumiger Weinbergsterrassen nur durch einzelne Grundherren oder die Gemeinschaft einer Gruppe von Winzern entstehen konnte.

Die Aufrechterhaltung des Weinbaus in Steillagen macht den Weinbauern wegen der personalintensiven Arbeit immer stärkere wirtschaftliche Probleme. Viele Steillagen wurden in den letzten Jahren durch Maßnahmen der Flurbereinigung zerstört, die Hänge egalisiert. Der Region wurden damit typische und unverwechselbare Ausdrucksformen genommen. Zur Erhaltung der Steillagen bei gleichzeitiger Erleichterung der Arbeit werden neuerdings Schrägaufzüge, „Monorac-Bahnen" genannt, eingesetzt.

Weinbergsterrassen in Mayschoß

Die Ahr

NACH Kenntnis der Quellenlage konnten großräumige zeitliche Zuschreibungen der Entstehung von Steillagen ermittelt werden. Die ältesten urkundlichen Belege liegen an der Ahr aus dem frühen 12. Jahrhundert vor.

1106 Mayschoß,
1115 Ahrweiler, „Hangendenfels"
1136 Bunte Kuh

Sie lassen die Anlage von Steillagen vermuten. Zunächst entstanden Anlagen mit sehr kleinteiligem Zuschnitt wie in Walporzheim, an der „Bunten Kuh" und in Mayschoß. Später wurden die Weinbergsanlagen großflächiger, die Parzellen größer. Hierfür konnte als Beleg in Walporzheim an einer Weinbergstreppe die Jahreszahl „1796" gefunden werden, die einzige bisher bekannte Datierung.

Vier große Bereiche mit Weinbergsterrassen in Steillage haben sich an der Ahr noch erhalten,

– in Ahrweiler an der Römervilla,
– in Walporzheim im Übergang zur „Bunten Kuh",
– in Mayschoß gegenüber der Saffenburg und
– in Reimershoven zu Füßen von Burg Are.

Die Mosel

DER Anbau von Wein im Moseltal geht bis in die Römerzeit zurück, wie die bekannte Darstellung eines Weinschiffes an einem in Neumagen gefundenen Grabdenkmal aus dem 3. Jahrhundert n. Chr. zeigt.

Weine aus Steillagen wie vom Calmont oberhalb von Bremm, gehören zu den besten in Rheinland-Pfalz. Durch Flurbereinigungen wurden in den letzten Jahrzehnten viele terrassierte Weinberge bis zur Unkenntlichkeit verändert. Weinbergsterrassen in Steillage sind noch erhalten in:

Kobern, Ober- und
Niederburg mit
Weinbergsterrassen

– Winningen,
– Kobern an den Hängen unterhalb der beiden Burgen.
  Die Verbandsgemeinde Untermosel macht hier
  große Anstrengungen zur Erhaltung der Steillagen.
– Alken im Umkreis von Burg Thurant,
– Bremm.

Der Rhein

WEINBERGSTERRASSEN in Steillage waren den Hängen des Rheinischen Schiefergebirges mühsam abgerungen worden. Alte Darstellungen zeigen Weinbergsterrassen in Bacharach und Oberwesel. Sie waren wesentliche Bestandteile der Kulturlandschaft „Mittelrhein". Durch Flurbereinigungsmaßnahmen wurden in den letzten Jahren zahlreiche Terrassen eingeebnet.

Zu den Zeugnissen der Kelterei vergl. die Sammlung des Landesmuseums in Koblenz, Festung Ehrenbreitstein, und die Sammlung Desoy-Schlags in Senheim/Mosel. (vergl. Heft 10, Museen)

Erhalten haben sich überwiegend nicht mehr bewirtschaftete Reste in geringem Umfang in nachfolgenden Lagen:
– südlich von St. Goarshausen,
– südlich der Loreley,
– nördlich von Oberwesel,
– am Berghang von Burg Gutenfels bei Kaub.

Apollinaris-Weinkeller in Remagen

SEIT der Fertigstellung der Bahnstrecke von Köln nach Koblenz im Jahre 1858 und der Errichtung der

86

Haltepunkte in Rolandseck und Remagen war der Ort zum Feriensitz für Kölner und Bonner Bürger und Ausgangspunkt für Rheintourismus geworden. An den Berghängen und unmittelbar am Ufer wurden zahlreiche repräsentative Villen errichtet. So war auch der Hotelier Otto Carraciola in den frühen 60er Jahren nach Remagen gekommen und hatte dort ein Hotel mit großem Restaurations- und Weinkeller errichten lassen. (Aus der Familie des Bauherren kam später der bekannte Rennfahrer Rudolf Carraciola). Ein erster tonnenüberwölbter Teilbereich war um 1880 weitläufig erweitert worden. Es entstand ein hallenartiger Raum von vier Schiffen zu je sechs Jochen. Rundstützen tragen über Gurtbögen ein Ziegelflachgewölbe. Der Raum hat eine kathedralartige Wirkung, die noch durch von oben einfallendes Licht gesteigert wird. Am Treppenzugang wurde der Name des Architekten „I. Eschweiler" und die Datierung „1880" eingemeißelt.

Heute ist das Hotel abgebrochen, der Keller jedoch noch vollständig erhalten. „Den größten und schönsten Keller der Rheinprovinz" nannten Zeitungsberichte des späten 19. Jahrhunderts den Keller, eine Aussage, die der heutige Besucher sicher noch bestätigen kann.

Lage:
Von der B 9 Ortseinfahrt mit Hochbrücke, auf der Brücke links ab, Besichtigung z. Zt. nicht möglich.

Backhäuser

Backhaus in Irmenach

BEIDERSEITS des Rheins haben sich zahlreiche historische Backhäuser erhalten. Wie Kirchen und Schulhäuser waren auch diese Einrichtungen zentrale Treffpunkte der Dorfgemeinschaft und hatten oftmals kleine Dachreiter für die Gemeindeglocke. Backhäuser wurden entweder von mehreren Familien genutzt und waren gemeinschaftlicher Besitz oder zentral gelegene Gemeinschaftseinrichtungen.

Lage:
Über die L 50 in Richtung Bernkastel-Kues. Nach der Einmündung der L 327 rechts ab nach Irmenach. Besichtigung nach Absprache mit Ortsbürgermeister Tatsch, 06541/1638.

Das Doppelbackhaus In Irmenach, Kirchstr. 12, weicht von dem oben beschriebenen Typus ab. Es steht in der Ortsmitte in einer Bauzeile und diente sechs Familien des Ortes, die sich zu einer Backgemeinschaft zusammengeschlossen hatten. Das einfache Gebäude entstand im Jahre 1870, wie über dem Backofen zu lesen ist, und wurde aus Bruchstein und Fachwerk erbaut. An den Vorraum schließen sich zwei nebeneinanderliegende Backöfen an. Beide Öfen werden vom Vorraum aus beschickt und haben einen gemeinschaftlichen Rauchabzug.

Backhaus in Dickendorf

UNSCHEINBAR ist das Äußere des kleinen Backhauses in Dickendorf, das sich an den Berghang anlehnt und unterhalb der Glockenbuche steht, dem Wahrzeichen des Ortes. Der niedrige Bruchsteinbau mit Satteldach dürfte jedoch erst dem 19. Jahrhundert entstammen und birgt im Inneren den Backofen.

1982 hat die Eigentümergemeinschaft, die „Waldinteressenten", eine Renovierung durchgeführt. Seit dieser Zeit wird im Backhaus wieder Brot gebacken.

Lage:
Von Hachenburg Richtung Betzdorf. In Elkenroth nach Dickendorf abbiegen.

Weitere Beispiele:
Arnstein/Lahn,17. Jh., Fachwerk
Gehlweiler, Hunsrück, 17./18. Jh., Fachwerk
Kleinweidelbach/Hunsrück, 17./18. Jh.
Selbach/Taunus, 18. Jh., Fachwerk

Mühlen

Löhndorfer Mühle
in Niederlahnstein

DER Mündungsbereich der Lahn in den Rhein war gegen Ende des 19. Jahrhunderts als Standort für neue Industrieansiedlungen attraktiv geworden. So verlagerte in den Jahren 1890–1892 die „Aktiengesellschaft für Mühlenbetriebe" in Löhnberg/Oberlahnkreis ihre Aktivitäten an den Rhein und ließ in Niederlahnstein eine große Getreidemühle errichten. Der schloßartig, von einem Turm überhöhte Baukörper sollte in seiner großen Baumasse Bedeutung und Leistungsfähigkeit der Gesellschaft zum Ausdruck

bringen. Er knüpfte an einen Typus großer Lagerhäuser an, wie er in jener Zeit in den Häfen von Worms, Mainz und Bingen vorgegeben war. Als Planer wird ein Mühlenbaumeister C. Ehrenburg aus Berlin genannt. Der konstruktiv als Massivbau mit Stahlbetondecken hergestellte Bau bot in seiner Ursprungsdisposition sechs Lagerebenen übereinander. In einem mehrstufigen Mahlvorgang wurde Roggen gemahlen, abgefüllt und gelagert, ehe das Mehl auf dem Rhein stromabwärts verschifft wurde. Alle Fassaden des Mühlengebäudes wurden mit Feldbrandsteinen verblendet und erhielten eine weit über das Funktionale hinausreichende aufwendige Gestaltung. In der Anordnung von Mittel- und Seitenrisaliten und der Herausbildung von Sockel- und Attika-Zone knüpfte der Planer an barocke Vorbilder an. Exakt in der Symmetrieachse wurde auf der Rheinebene der Grundstein mit der Jahreszahl 1890 eingelassen. Der asymmetrisch auf der Südseite angebaute Turm diente zur Aufnahme eines Wassertankes. Der Abschluß mit Zinnen ist ganz offenbar in Korrespondenz zur gegenüberliegenden, neugotischen Burg Stolzenfels zu sehen. Die Mühle erhielt eine eigene Schiffsrampe sowie Gleisanschluß an die rechtsrheinische Bahnstrecke.

1911 wurde die Mühle auf die Herstellung von Weizenmehl umgestellt und eine Siloanlage eingebaut. Im Jahre 1928 mußte die Mühle als Folge der Inflation ihre Arbeit einstellen. Doch die Aufgabe eines Lagerhauses für Getreide wird bis heute weitergeführt.

Zum Ensemble gehören in Sichtweite der Mühle mehrere Bürohäuser, heute als Wohnungen genutzt, Werkstätten und die ehemalige Villa des Direktors, deren Architekt bisher nicht bekannt ist. Stilistisch folgt sie im Äußeren und Inneren der Neorenaissance. Konstruktiv wurde sie in einer Mischung aus Feldbrandziegeln und Klinkerbändern errichtet; das Dach erhielt eine ausladende Traufzone. Die Krönung der reichen Dachlandschaft ist der außermittig stehende Turm. Das Innere der Villa erhielt eine vergleichsweise einfache Ausstattung, gibt aber trotz Umnutzung zu Büroräumen immer noch Zeugnis von der Wirtschaftskraft und gesellschaftlichen Stellung des Bauherren.

Lage:
Über die B 42, südlich von Koblenz an der Ausfahrt Lahnstein Nord abfahren, auf der Industriestraße über die Bahn, weiter die Didier-Straße. Öffentlich zugänglich vom Rheinuferweg.
Eigentümer
Rhein-Nassauische Lagerei- und Speditions GmbH, Geschäftsführer Grotkamp, Tel. 02621/ 692-20

Dinkholder Mühle bei Braubach

Im Dinkholder Tal, einem Seitental des Rheins südlich von Braubach, hat sich die Baugruppe der Dinkholder Mühle erhalten. Das mächtige Wohnhaus mit Schmuckfachwerk und einem über Eck gesetzten Erker gehört zu den bedeutenden Fachwerkbauten aus der zweiten Hälfte des 17. Jahrhunderts am Mittelrhein. Ein reich verziertes Brüstungsfeld im Erker zeigt an, daß Albert Metz, ein sonst nicht näher bekannter Bauherr, dieses Gebäude im Jahre 1675 errichten ließ.

Zum Rhein hin schließt ein zweigeschossiger Bauflügel des 19. Jahrhunderts an, von dem man annehmen darf, daß er eine Vorgängermühle ersetzte. Im Inneren hat sich die komplette Mühleneinrichtung aus den dreißiger Jahren unseres Jahrhunderts erhalten.

Lage:
Südlich von Braubach
von der B 42 ab, unter
der Bahnstrecke hindurch
in das Dinkholder Tal.
Das Mühlenensemble ist
nur von außen zu besichtigen.

Goldhauser Mühle bei Ruppach-Goldhausen

Als weitläufige, in Fachwerk errichtete Baugruppe von weitläufigen Ausmaßen erlebt der Besucher die Goldhauser Mühle im Tal des Ahrbaches. Wann die Mühle angelegt wurde, ist unbekannt. Der heutige Bau der Mehlmühle ist durch die im Bruchsteinmauerwerk des Sockelgeschosses angegebene Datierung „1788" eindeutig belegt. Die Stockwerksbauweise der aufgehenden Konstruktion und die Krüppelwalmen weisen die typischen Merkmale der Westerwälder Fach-

Goldhauser Mühle,
Mühlrad vor der
Demontage

werkbauweise des 18. Jahrhunderts auf. Die Initialen „A S" deuten auf den Bauherren Albert Sabel hin. Das anschließende kleinere Haus zeigt die Datierung 1721.

Das Wasser des Baches wurde in offener Rinne zugeführt und trieb das große, in Holz konstruierte Mühlrad an. Leider war es stark abgängig und konnte aus Kostengründen nicht erhalten werden. Im Inneren der Mühle hat sich das gesamte Mahlwerk aus dem frühen 19. Jahrhundert mit zwei Mahlwerken erhalten.

Lage:
BAB 3, Ausfahrt Montabaur nach Ruppach-Goldhausen, nordwestlich des Ortsteiles Goldhausen im Tal.

Hundsdorfer Mühle bei Ransbach-Baumbach

Von den fünf Mühlen, die es einst am Hasselbach gab, ist die Hundsdorfer Mühle die letzte. Erstmals ist die Mühle 1538 erwähnt. 1661 gab sie Graf Friedrich von Wied an Caspar Günther aus Hundsdorf als Pfand. Bis zum Ende des 18. Jahrhunderts waren die Grafen zu Wied die Eigentümer der Mehlmühle. Seit 1770 hatten alle Pächter der Mühle das Recht, auch vor Ort Brot zu backen. 1780 wurde die Mühle an Johann Lang verkauft. Als sie 1793 durch Brand zerstört worden war, konnte er sie unmittelbar danach wieder aufbauen und mit dem Mehlmahlen fortsetzen. 1830 brannte das benachbarte Wohnhaus ab, die Mühle wurde jedoch verschont. 1899 erwarb Gustav Scheyer die Mühle, von dem sie durch Erbfolge an den heutigen Besitzer, Kurt Scheyer kam.

Lage:
Über die BAB 3, Ausfahrt Ransbach-Baumbach, von dort nach Hundsdorf.

Die heutige Anlage mit Wohn- und Backhaus, Scheune und Mühlengebäude stammt aus den Jahren 1904–1920. Das Mahlwerk wurde 1920 eingebaut und besteht aus zwei Walzenstühlen und einem Mahlsteingang. Der Anrieb erfolgt mit einem großen Wasserrad von 1858, gefertigt von der Diezer Firma Ohl.

Schneidersmühle bei Oberwesel

Zu Füßen der Martinskirche in Oberwesel verläuft das Tal des Niederbaches. Aus einer Folge von Mühlen hat sich am Ende des Tales die Mehlmühle der

Familie Schneider erhalten. Zuläufe vom Niederbach und vom Lützelbach konnten alternativ der Mühle Wasser zuführen.

Die im hölzernen Sturz der Kellertür erhaltene Jahreszahl 1607 deutet auf die Anfänge der Mühle hin, die aber durch eine Überformung des 18. Jahrhunderts ihre heutige Gestalt mit Krüppelwalm erhielt. Nach Konkurs des von der Kirchengemeinde von Bacharach betriebenen Mühlengeschäftes war die Mühle im Jahre 1840 von der Familie Schneider ersteigert worden.

Das oberschlächtige, aus Eisen konstruierte Wasserrad trieb mit seiner Welle die Mühlenmechanik, die sich noch vollkommen in der Form eines Umbaus von 1827 in Graugruß mit Buchenzahnrädern erhaltenen hat. Über eine vertikal geführte Achse werden die beiden Mahlwerke für Putz- und Schrotgang und für den Mahlgang betrieben. Ein Elevator zum Getreideaufziehen und ein 1914 eingebauter Mühlstein aus Kunststein bilden die einzigen Neuerungen der Mühle, die bis 1950 betrieben wurde und auch Strom erzeugte. Die Rekonstruktion des abgängigen Wasserrades in Eisen ist in Kürze geplant.

Lage:
Am Nordrand von Oberwesel von der B 9 in die Niederbachstraße. Besichtigung nach telefonischer Absprache mit dem Eigentümer Wilhelm Schneider, Niederbachstr.120, 06744 / 639

Windkraftanlage

Windrad in Weltersburg

DIE Nutzung des Windes als Energiequelle ist seit Jahrhunderten in Nord- und Westdeutschland und in Holland in Form von hölzernen Windmühlen bekannt. Um die Mitte des 19. Jahrhunderts waren in Norddeutschland 27 000 Windmühlen in Betrieb, 1914 noch 14 000 Stück. Auch für den Kreis Bitburg-Prüm sind bis nach dem Zweiten Weltkrieg zahlreiche Windräder überliefert.

Aus Amerika kam gegen Ende des 19. Jahrhunderts als neues technisches Prinzip die Windnutzung durch eiserne Windräder auf hohen Masten nach Deutschland. Der amerikanische Konstrukteur Halladay hatte die in den Vereinigten Staaten seit längerem gebräuchliche Bauart der Windräder verbessert. Nach seinem Bauprinzip überträgt ein Schaufelrad mit mehreren gleichlangen Flügeln die Windenergie über eine lange Stange zum Fuß des Mastes. Zudem waren die Schaufeln einzeln drehbar und konnten sich so besser den ändernden Windrichtungen anpassen. In dieser Form entstanden in Deutschland zu Anfang des 20. Jahrhunderts zahlreiche neue Windräder durch die Dresdner Firma Reinsch. Gerade auf dem Land wurde von der Errichtung von Windrädern reger Gebrauch gemacht. Sie boten sich als Energiespender für landwirtschaftliche Maschinen, Mehlmühlen und Sägewerke sowie zum Betreiben von Wasserpumpen an. Im Kreis Bitburg waren beispielsweise in den 30er Jahren noch 15 derartiger Windräder in Gebrauch.

Der Ort Weltersburg im Westerwald ließ im Jahre 1912 zum Betreiben des Pumpwerkes ein Windrad auf einem 25 Meter hohen Mast nach dem Bauprinzip von Halladay errichten. Es wurde mit seinem filigranen Mast zu einem weithin sichtbaren Markierungspunkt in der Ortssilouette. Noch vor dem Zweiten Weltkrieg wurde die Wasserpumpe auf elektrischen Betrieb umgestellt. 1976 wurde das Windrad restauriert. Das Windrad von Weltersburg ist den ebenfalls erhaltenen, zeitgleichen Windrädern von Seelbach und Singhofen im Taunus ähnlich.

Weiterführende Literatur

Agricola, Georg, Vom Berg- und Hüttenwesen, vollständige Ausgabe nach dem latein. Original, München 1977.

Becher, Bernhard und Hilla, Die Architektur der Förder- und Wassertürme, München 1971.

Berger, Manfred, Historische Bahnhofsbauten, Bd. II, Berlin 1987.

Beyerhaus, E., Der Rhein v. Straßburg bis zur holl. Grenze, Koblenz 1902.

Bickel, Wolfgang, Der Siegeszug der Eisenbahn, Worms 1996.

Bornheim gen. Schilling, Werner, Techn. Kulturdenmäler in Rheinland-Pfalz in: Staatszeitung Nr. 12 u. 13/1957.

Bundesminister f. Verkehr, Steinbrücken in Deutschland, Düsseldorf 1988.

Bundesminister f. Verkehr, Bundesautobahn Krefeld Ludwigshafen, Bonn 1975.

Custodis, Paul-Georg, Technische Denkmäler in Rheinland-Pfalz, Koblenz 1990.

Custodis, Paul-Georg, Die Frühzeit der Eisenbahn am Mittelrhein, in: Rheinmuseum Koblenz – Beiträge zur Rheinkunde, Heft 42/1990, Koblenz 1990.

Custodis, Paul-Georg, Ziegelbauten am Rhein, in: Rhein. Heimatpflege, H. 2/98.

Eckhold, Martin u. a., Geschichte d. Wasserkraftnutzung, Koblenz 1985.

Fehr, Horst, Römische Rheinbrücke in Koblenz, Bonner Jahrb. Bd. 181/1981 = Archöologie an Mittelrhein und Mosel, Bd. 2, Koblenz 1980.

Föhl, Axel, Bauten der Industrie und Technik = Bd.47 der Schriftenreihe des Dt. Nationalkomitees für Denkmalschutz beim Bundesinnenministerium, Bonn 1997.

Hellmig, Jochen und Hilpisch, Hans, Die Westerwaldquerbahn, Daaden 1992.

Hoppstedter, Kurt, Die Entstehung des Eisenbahnnetzes im Moseltal und in der Eifel, Maschinenschrift, Koblenz 1963.

Kemp, Klaus, Die Ahrtalbahnen, Freiburg 1983.

Kremb, Klaus und Lautzas, Peter, Landesgeschichtlicher Exkursionsführer Rheinland-Pfalz, Bd. 3 Reg.Bez. Koblenz, Otterbach 1993.

Matschoss, Conrad und Lindner, Werner, Techn. Kulturdenkmale, München 1932, 2. Reprintaufl., Düsseldorf 1984.

Mertes, Erich, Mühlen in der Eifel, Aachen 1995.

Meyer, Lutz-Henning, 150 Jahre Eisenbahn im Rheinland, Köln 1989.

Meyer, Wilhelm, Geologischer Führer zum Geo-Pfad „Vulkanpark Brohltal/Laacher See" Koblenz 1994.

Paul, Willi, Techn. Sehenswürdigkeiten in Deutschland, Bd. III, München 1978.

Rödel, Volker, Reclams Führer zu den Denkmalen der Industrie und Technik in Deutschland, Bd.1, Stuttgart 1992.

Rost, Claus, Schiffahrt und Wasserbau am Binger Loch, in: Bingen-Geschichte einer Stadt am Mittelrhein, Mainz 1989.

Schumacher, Karl-Heinz, Die rhein. Dachschiefergruben und ihre wirtschaftliche Entwicklung seit der 2. H. d. 19. Jhs. – unter bes.Berücksichtigung der Eifel, Düren 1990.

Slotta, Rainer, Technische Denkmäler in der Bundesrepublik Deutschland, Bd.1,Bochum 1975.

Sympher, Die Wasserwirtschaft Deutschlands und ihre neuen Aufgaben, Berlin 1921.

Winkel, Heinrich, Mittelrhein. Wirtschaft im Wandel der Zeit, Koblenz 1983.

Register